リクルート「創刊男」の大ヒット発想術

くらたまなぶ

日経ビジネス人文庫

まえがき

子供を一四人生んだ。人間じゃなくてメディアっていう子供だけど。

リクルートという会社に二五歳で入って、丸二〇年働き、一九九八年に辞めた。

さかのぼると、学生の時に、集英社の「週刊プレイボーイ」編集部でアルバイトをした。連日朝から晩までの仕事なので、大学キャンパスには行かなくなった。アルバイトとはいえ、ハタチで就職したようなもんだ。

その後、「月刊PLAYBOY」という雑誌を創刊するので「そちらに移ってくれ」と言われた。神田神保町の小さなビルのワンフロアに新しい机や椅子が運びこまれ、あちこちの編集部から精鋭の社員が集まってきた。会議、会議、そしてまた会議という日々がスタートした。ゼロから一つひとつつくり上げていくってのは、ものすごく苦しくて、楽しいことなんだなあと思った。

「あの資料を取りに行ってくれ」「会議用にこれをコピーしてくれ」「〇〇先生がいいアドバイスがあるそうだから、聞いてきてくれ」「このテーマで、本買ってこい」…。

「はい、わかりました」「はい、行ってきます」

あちこち駆け回っているうちに、ほれぼれとするような創刊号が完成し、納品され、店頭に並んだ。大評判を呼び、アッという間に完売した。下っ端なのに、ものすごく嬉しかった。

それが幼児体験として染みこんでしまったんだろうか。

リクルートの中途採用面接で「何がやりたい？」と聞かれて、思わず答えた。「とにかく新しいことをやりたいんです」。まったくの正直な気持ちだった。あとから聞くと当確ラインぎりぎりだったようだけど、かろうじて合格ということになった。入社初日。直属上司に握手をされて、辞令をもらう。小さな紙に配属先が書いてある。

「新規プロジェクトチーム」。

へ〜、こりゃ嬉しい。なんていい会社なんだろう。希望すればそのとおりにしてもらえるなんて。それにしても「新規プロジェクト」って何のことなんだろう。「いったい何をやれば…？」。

「女性のテーマで何か、あるいは海外旅行っていう線もあるかもね。ま、それ自体を考えるのがあなたの仕事だから…」

ひえー、ほんとに一から考えなきゃいけないんだ。そんなこと、こんな青二才にできるかいな。

「何でもいいから新しいことやりたいって言ったんだって？　望みどおりじゃない」

「はあ、まあ、その…、それはそうなんですが…」

「じゃ、よろしくね。頑張って」

こうしてリクルートでの生活が始まった。当時の従業員数は一〇〇〇名。ほぼ男女半々。正社員とアルバイトも半々。事業の柱はまだ四つだけだった。

「リクルートブック」——一九六〇年創業以来の新卒向け就職情報事業。

「進学リクルートブック」——七〇年起業の進学情報事業。

「週刊就職情報（現Ｂｉｎｇ）」——創刊四周年を迎えようとしていた転職情報事業。

「週刊住宅情報」——創刊三周年の住宅情報事業。

私の使命は、今、思えば、「五番目の柱となる事業を考えよ」ということだったのだろう。けれど、まだそんな会社全体を見渡すような視点などそなわっていなかった。

ただただ闇雲に動き回り、人に会い、資料をむさぼり、手を動かし、家に帰らず、会社に泊まりこみ、風呂に入らず、下着も替えず、「くさい、くさい、そばに寄るな」とまわりから顰蹙《ひんしゅく》をかいながら、どうにかこうにか起業にこぎつけることができた。

それが「とらばーゆ」である。一九八〇年二月二三日創刊。女性のための転職情報誌。男女雇用機会均等法などはまだはるか先の話。だから「女性のため」である。マスコミ報道のあと押しもあって、即日完売した。寝不足の目をこすりながらめちゃくちゃ感動した。地下鉄の車内で創刊号を手にした女性に出くわし、思わず近寄って抱きしめそうになり、かろうじて自制した。

その快感が病みつきになってしまったんだろうか。

退社までの二〇年間に、一四の新しいメディアを創刊した。ホントの子供をつくることを忘れて、一四人の子供を出産した。いつの頃からか、社内外から「創刊男」と呼ばれるようになった。ま、「出産男」と言われているようなもんだ。誇れるのは、物理的な「数字」だけ。創刊したメディアの数。つまりは立ち上げた事業の数。会社に泊まりこんだ日数。着替えた服の少なさ。たまった汗と垢《あか》の量。流したくやし涙。きりきり感じた胃痛の回数。目から落ちたウロコの枚数。ひるがえって、一つひとつ実現していく喜びの数。笑顔と感動の数。そして、二〇年分の総労働時間。

ま、丈夫なカラダと、積み重ねた体験だけが、取り柄ってことです。

この本で、何がしかのお役に立てるとしたら、「使える」という点だと思います。何かを生み出そうとしている方が、ホントに「使おう」と思って読んでいただければ、使えるはずです。

だから、「論」ではなくて「術」とした。創刊するための仕事術。「創刊」と言っても、紙のメディアだけではなくサイトの立ち上げにも、さらにはメディア開発以外のあらゆることにも応用可能だと思う。ほんのささやかなアイデア出し。ちょっとした企画立案。商品改良や新商品開発。制度や風土の見直し。組織改革。疲労のたまった既存事業の見直し。単なる人員整理（いわゆるリストラ）ではない、本当の意味での事業再構築（リストラクチャリング）。そして、市場に大変革をもたらすような大きな新規事業開発。新会社の創業にも。

若い頃、参考にしようと、ありとあらゆる専門書を手にとった。だけどほとんど使えない。こちらは出産をしたい。出産のためには相手が必要。デートもしなくちゃならない。恋愛をして、なんとかセックスにまでもちこみたい。そして、うまく受胎し、着床すれば、めでたく妊娠、出産である。そう思って必死に買い求め、読むのだけれど、具体的な方法はまったく書いてない。たとえて言えば、「恋愛には六タイプある」「出産の歴史はこんな進展をしてきた」なんて具合で、きれいな概念図かなんかが載っている。理屈なんか読みたくない。どんな言葉で、どういうふうに口説いたらいいのか。キスの仕方はどうすれば。どんな場所で、どんな体位で、どういう順番でいたしたらいいのか、まったく一言も教えてくれない。すべて「論」ばかり。

体験したこともないのに書いているに違いない。いくら恋愛をうまく語っても、恋はできない。出産を見事に論じても、子供は生めない。まったく使えないのである。

これから何かを生み出そうとしている方のために、その作業の順番にしたがって、1章から8章までの構成とした。ページ順に読んでいけば、それが時系列の段取りである。もちろん興味の引かれた見出しから、順不同に拾い読みしていただいても結構です。実際、恋愛でも、妊娠でも、出産にしても、きっちりと思惑どおりには進まないでしょう。そうそう計画どおりにはいきません。あっちこっちに行きつ戻りつしながら、なんとか成就されるものですからね。

さあ、それではスタート。腕まくりをしながら、生み出す「作業」に取りかかってください。

くらた まなぶ

二〇〇三年四月

◆目　次◆

6章　まとめた言葉をカタチにする

1章　ちゃんとふつうに生活すること

1　いい商品をつくるためには、商品のことを考えてはダメ

◆たとえば来年の年賀状をどんなものにするか

何をひきあいに出しても心構えは同じ。段取りも同じ。であれば身近なちょっとしたアイデア出しの例の方がわかりやすい。

たとえば年賀状。来年のものをどんなものにするか。

文字は？　絵柄は？　人によって変えるのか、同じか。自分でつくるにせよ、町の印刷屋さんに頼むにせよ、いくつか案を出さないといけないし、それを決定しなければならない。店でありものを買うにしても、なぜそれを選ぶのか。基準は何か。

ところがアッという間にカレンダーがめくられ、師走もなかばを過ぎてしまい、「しまった、そろそろ考えなきゃ」と。それだといいものはできない。仕事の場合で言えば、上司からオーダーされてから考える、任命されてから考える…、それでは遅すぎる。

「年賀状をどうするか」というスタート地点から、失敗が始まっているとも言える。年賀状だと大げさに聞こえるかなあ。親しい人に出すものだから、実はどんなカタチ

であっても、こちらの「元気」が伝われば喜ばれますからね。ぎりぎりにつくったって別にかまやしない。

しかし、どうだろう。会社として、集団として、所属する組織として出す年賀状だとしたら。がぜん真剣にならざるをえないでしょう。いわんやもっと販売促進に直結するようなものだとしたら。宣伝チラシだったら。ダイレクトメールだったら。

となると、やはり商売につなげたい。評判を呼びたい。あらためて言うと、さてどうしようかというそんな時、一二月になってから考えるのでは遅い。いざとなってあわてて考えても、いいものはできない。「年賀状をどうしようか」「チラシをどうしようか」「DMをどうしようか」というアプローチそのものが、敗因になることが多いのである。

ここに登場する要素は、三つある。

年賀状を出す「私」。宛先の「相手」。そして「年賀状」。

「私」を店だとすれば、「相手」はお客さん、両者をつなぐ「年賀状」は商品である。「相手と私」を一つのカッコの中に入れると、そこには、「顧客と企業」「消費者と生産者」「需要と供給」、何でも代入できる。哲学者のハイデッカーさんだったら「存在と世界」なんていうのを入れてしまうかもしれない。ま、そこまでいくとでかすぎるか。

いずれにしろ、どんなに広げてもスタンスは変わらない。何かを提供したい「私」がいて、それを受け取る「相手」がいる。双方の間を結ぶのは、商品あるいはサービスである。だから来年の年賀状を考える心構えと段取りは、新しい企画、新しい商品、新しい事業の開発にも応用できる。そして、次の時代を形づくるような大きな新産業創造にさえも通じると思う。

「私」と「相手」と「年賀状」。そんな三要素を、頭の中にポン、ポン、ポンと三つ置きながら、聞いていただきたい。結論を嚙みしめていただきたい。

年賀状をいいものにするためには、年賀状のことを考えちゃいけない。禅問答のように聞こえるかもしれない。けれど、カラダで覚えた、痛いほどの実感なのである。あわてて「年賀状」そのものにかかりきりになってはまずい。

年賀状に盛りこむのは、自分のことである。健康、仕事、引っ越し、家族、趣味の話。君は元気か、奥さんはどうしてる、たまには会おう、今年こそ飲もう…。自分のことをわかってないと、盛りこむ内容は決まらない。すぐに決めたとしても、すごい自信作に思えたとしても、相手もそう思ってくれるかどうかはわからない。

知らせるべき優先順位を間違えてるかもしれない。テーマはあってってもピンぼけかもしれない。すべては相手と自分の関係しだいだ。ふだんから自分をよく知り、相手のこともよく知っていること。それが「いい年賀状」をつくるコツである。

それじゃあ、自分と他人と、どちらの方をより大事にしたらいいんだろうか。

◆相手をよく知り、自分を知る、おのずといい年賀状ができる

結論は、相手である。

「いい」も「悪い」も、彼しだい。彼女しだい。相手の気持ちしだいだ。「徹夜してつくったんだ」なんていうのは、こちらの手前勝手な都合。「誰が何と言おうが、いいものはいいんだ」なんていうのも、独りよがりなナルシストの思いこみである。

ちなみに、ここでいう年賀状は「商品」のこと。商品やサービスのたとえとして使っている。売れるか、売れないか。喜んでもらえるかどうか。あくまでも商売の話だ。芸術作品は含めていない。もっとも芸術作品だって、実は同じだと思う。創った芸術家は相手のことなんか考えていないかもしれない。だけど、たとえばそれを売ろうとする画商は、必死になって顧客のことを考えているんじゃないだろうか。誰に売ろうか、いくらで売ろうか、彼なら買いそうだ、いくらなら払ってくれそうだ、なんて具合に。

というわけで、いい商品をつくるためには、商品のことを考えてはならない。商品のことから考えをスタートしてはいけない。手前勝手に「商品」自体からあわててスタートしてしまうと、結果として顧客にとっての「いい商品」にはならなくなってしまう。

「こんなに苦労してつくったんだから」も、「いいものに決まってるじゃないか」も、独りよがりにすぎない。供給者の勝手な論理である。

かつて大ヒットしたものも、今日も受け入れられているのかどうかはわからない。数字の結果が悪くなってからでは遅すぎる。いわんやこれから世に出す新商品の場合は、いったい売れるのか、受けるのか、皆目見当もつかない。

だからこそ、ふだんから商品のことをよく知らないといけない。自分がつくったんだからいちばん知っているっていうのは大錯覚。確かに商品知識は誰にも負けないはずだ。どんな素材か、どういう技術を使ったか、どんな製造ラインか、どんな組織体制か。その背景も歴史もエピソードもよく知っている。そして、去年の実績も、今年やらねばならない目標も、予算も。

しかし、そんな内部事情は顧客にとってはどうでもいいこと。自分の商品について本当に知らなければならないのは、それが世間にどう受けとめられているかっていうこと。そして、その変化も。

やはりいちばん知らなくてはいけないのは、「相手」のことである。買った人は、数ある商品の中からなぜそれを選んだのか。その選んだ理由は、買ったあともいまだに変わらぬ長所なのか。実はもう失望してるのか。買わない人は知らなかったからか？　見たことがないのか？　あるいは知っているからこそ嫌なのか？　それならなぜ嫌なのか？

相手について知っておかなくてはならない「？」が山ほどわいてくる。ふだんからそれを把握しておきたい。それじゃあ、いったいどうすれば把握できるのか。細かい説明はだんだんに進めていくことにして、ここではこういう結論だけを書いておく。

個人として、ちゃんと生活すること。寝て、起きて、食べて、飲んで、働いて、遊ぶこと。

2　ちゃんと生活しながら、喜ぶ。驚く。怒る。不思議がる

◆ヘタな考え休むに似たり

ヒントやネタは、ふだんの生活の中にある。コツさえ覚えれば、ゴロゴロとそこらじゅうに転がっていることに気づく。どこに転がっているのかがポイントだ。

初めて「新規プロジェクト」という辞令をもらって、まず最初にしたのは、机でウンウンうなることだった。「何でもＯＫ」ってことだったので、思いつくことを次から次へと白紙に書き出してみた。いかにも頭脳労働っていう気分にもなるけど、書き出したメモに目をやると、落ちこむばかり。気をとり直して、また一言二言書きつける。

「何やってんの？」などと同僚がやって来ると、あわてて用紙を裏返し、「いやー、なかなかいいアイデアが浮かばなくて…」などとごまかす。

「カッコいい仕事だよなあ〜」などと言われれば言われるほど、さらに落ちこんでいく。

トイレに行っても、昼飯を食べに行っても、考える。考えちゃメモし、思いついた

らメモする。行き帰りの電車の中でも、風呂の中でも、恋人とデートをしていても考える。

「どうしたの？　悩みでもあるの？」

「バカ、何言ってんだよ、新規事業考えなきゃいけないんだよ！」

「あ、そうなの、大変ねえ…。ね、ね、ピザ頼もうか？」

今思うと、なんとも思いあがった下らない男であったことか。

いい商品をつくるためには商品を考えちゃダメ。前項で提出したルールだ。ここではさらに拡大できる。新規事業を考える人間は「新規事業」のことなんか考えちゃいけない。ヘタな考え休むに似たり。昔の人はいいことを言う。ウンウンうなっていた私は、ただ休んでいただけだ。

ちゃんと真面目にデートしなきゃいけなかった。どこでどう過ごすかを真剣に考え、店を選び、コーヒーか紅茶か、ホットかアイスか、ピザは何を頼むか。ちゃんとデートを満喫する男にならないとダメだったのである。「やっぱりオレは辛党だから、アンチョビね」ってな具合に。

真剣にデートに没頭することができれば、いろんな感情がわいてくる。

「この店選んで良かったなあ」「あれ？　このコーヒーカップ、すごくいいじゃん」

「ここのピザうまいねえ」…。もちろんいいことばかりじゃない。「あのウエイトレス、頭くんなあ。ガチャンって、コーヒーこぼしてったぜ」「なんだよこの店、オーダーしたいのに全然こっち見ないぜ。無駄話してんじゃねえよ」「こんな店選んだからでしょ。私は嫌だって言ったのに」…。

もちろん恋人とのケンカも、ごまかさずにきちんと真剣にやらなきゃいけないのである。

◆送り手のプロになるためには、受け手のプロにならなくてはならない

年賀状、新商品、新規事業…。どんな場合でも、考えるあなたは送り手である。知識も技術も持っている。動かす組織も持っている。その自負もあるし、誇りもある。まさにプロフェッショナル。

ところが真っ先に考えなければならないのは、商品や自分自身の前に、相手のことだった。顧客、消費者、需要サイド。そして、そんなことは、実はどこでも誰でもすでに言っている。大嫌いな論文好きの専門家の皆さんもこぞって論じてる。

「顧客満足」「カスタマー・サティスファクション」「プロダクト・アウトからマーケット・インへ」…とかとかとか。

でも、具体的にどうすればいいのかは、どこにも書いてない。きれいな言葉で整理されればされるほど、わかった気になってしまうから始末が悪い。結局、どうしたらいいのかわからない。

「コキャクマンゾク、コキャクマンゾク」と、言葉だけ唱えておこうっていうことになってしまう。そんな企業のいかに多いことか。

きちんと受け手になるということ。「なる」っていうより「やる」。ちゃんと受け手をやる。

たとえばちゃんと寝る。寝たら枕がある。シーツがある。ベッドカバーがあってベッドがある。蒲団でもいい。それはいつどこでいくらで買ったのか。「妻にまかせてる」でもいいけれど、それでは奥さんは、それをいつどこでいくらで買ったのか。彼女はなぜそれにしたのか。

寝てる自分は「ああ、これはいいなあ」なのか、「色がちょっとなあ…」なのか。別に買い替えるんだとしたら、今度は自分で買うのか、やっぱり妻にまかせるのか。そうする妻にまかせるのは悪いことじゃない。ふだんそうであれば、いつもどおりにそうするのがいい。それがちゃんと生活するということ。何かを考える仕事だからって、ことさら変わったことをする必要はない。

ただし、何を買いたいのかは明確にする。妻にまかせても、使うのは自分。ちゃんと受け手をやる。判断して、決定して、責任を持つ。それが受け手のプロっていうことである。たまたま購入作業を、奥さんにアウトソーシングしたっていうだけの話。

そうすると新たな設問が生まれてくる。どんなものを自分で買って、どんなものを人にまかせていたのか。なぜそうしてきたのか。無意識だったのか、理由があるのか。日頃そんなこと考えていなかったけれど、よく考えてみたら、今度からはベッドサイドのライトに関しては自分で買うことにするのか…などなど。受け手のプロになる修練は、限りなく広がっていく。

◆「通勤サラリーマン」としても、ちゃんと生きる

起きて顔を洗う。歯を磨く。そこらじゅうに、選んで買った（はずの）商品がある。

牛乳を飲む。昔は雪印だったよなあ。なぜ雪印からこれに変えたんだっけ。新聞を読む。なぜA新聞なのか。テレビをつける。なぜいつも朝はBチャンネルを見てるのか。たまには違うチャンネルにしてみるか。意外にこっちの方がいいじゃないか。服を着る。靴をはく。玄関を出る。歩く。駅前でティッシュを受け取る。電車に乗る。あちらこちらの店舗、電信柱、ポスター、看板、車内吊り広告、街頭スピーカーから、送り手としてのメッセージが発信されてくる。

興味がわいたものはちゃんと見る。聞く。近寄って熟読したりする。もっと詳しく調べてみるかなどと思う。興味がわかないものは無視する。ただしなぜ無視するのかは覚えておく。不快なものはちゃんと嫌だと心の中で表明する。「けしからん！」と。「何考えてるんだ！」と。

家から会社までの間を、単なる眠れる輸送貨物にならずに、きちんと通勤サラリーマンをやる。

ちゃんと呼吸して、動いて、感じて、それを自覚して、生きる。

生きて、生活して、たくさんの商品に接する。それに対する感情に忠実になる。最新の機能に驚き、馬鹿の一つ覚えにあきれ、値段の安さに喜び、気配りを嬉しく思い、新サービスにびっくりする。

たまには怒り、悲しみ、頭にきて、疑問に思い、クレームをつける。

そして何よりも大事な感情は、不思議がること。どんなことにも「なぜなんだ？」「何でだろう？」っていう言葉をぶつけてみる。小学生の理科の時間みたいなもんだ。

受け手のプロの道は、「なぜだろう」に始まって、「なぜだろう」に行きつく。

3 「論より技術」「きらめく才能より地に足つけた生活」

◆「論より技術」は、作業重視、行動重視ということ

よく聞かれる質問がある。

「どうしたらセンスが身につくんでしょうか」

「どんなときにひらめくんでしょうか」

「感性はどうやって磨かれるんですか」…。

う〜ん、センス、ひらめき、感性ねえ…、仕方なく、いつも同じことを答える。

「えーとですね、ちゃんと寝て、起きて、働いて、遊ぶ…。ちゃんと生活してください…」

「同じことをやろうにも、才能がないもんで…」

う〜ん、今度は「才能」ですか。まいったなあ。「論より技術」ということを「まえがき」に書いた。それは言いかえると、作業重視、行動重視ということでもある。技術を具体化するのは技能だし、工程だし、そして何よりも日々の作業だ。商品よりも、送り手としてのことよりも、まずは受け手のプロになろうという作業。その受け

手の仕事は、生活である。フィールドは、家であり、街であり、店であり、電車やバスやタクシーの中。受け手の会議室は、喫茶店であり、レストランであり、酒場である。そして、ミッションは「いい生活をする」ということ。

「いい生活」にもいろいろある。けれど、医者でも教育者でも宗教家でもない私は、消費生活しか問題にしていない。消費生活のプロになった上でいい生産をしたいのである。いい送り手になって、いいものをつくることによって、いい消費に貢献したい。そのための技術、技能、工程、そして日々の作業である。それが、きちんと生活してみようじゃないかっていうことだ。

そして、ビジネス社会に損益計算書があるように、生活にも収入があり支出がある。「損した」「得した」がある。企業にビジョンがあるように、生活にも追い求める夢がある。

受け手のプロをめざすからには、夢を追い求めようということ。その感情に忠実になること。そのわき起こった感情を、ちゃんと心にとどめておこうっていうことだ。

◆センスや感性やひらめきじゃ、仕事にならない

芸術家ならいざ知らず、組織を動かして進める商品開発では、センスや感性やひらめきに頼っていたら、仕事は止まってしまう。

たとえばここにプロジェクトチームが四人いる。朝のミーティング。リーダーが宣言をする。

「みんな、今日もハイセンスと鋭い感性を駆使して、ひらめこうじゃないか！」

一同解散する。おのおのが席について、それぞれのひらめきのポーズをとる。一人がひらめく。

「あ、課長、ひらめきました！」

そんなうまい具合にいくわけないじゃないですか。

センスのいい人、感性の鋭い人、ものすごいひらめきの人ってのは、確かにいる。業界の立食パーティーなんかに行くとぞろぞろいる。近づいてみると、とてもいい服を着ている。身にまとうものすべてに最先端の蘊蓄《うんちく》がオマケについている。時計も、財布も、靴も、電子文具も、アクセサリーも。口をついて出てくる話題も、すべて最新。カルチャーも、グルメも、レジャーも、人脈も、健康も。いわんやSEXでさえ。私も耳をすませる。とても貴重な情報だ。

しかし、ある時から気づいた。彼らにも二種類の人がいるんだなと。送り手として必死に努力して先端を走っている人と、受け手として自然にそうなっている人と。

わざわざ努力して最先端の服装や話題を身にまとっても、それは専門家の論文がそのまま服を着たようなもの。専門書が歩き出してしゃべっているようなものだ。無理して先端を走る努力なんてのは、まったくやる必要がないと思う。むなしくて、痛々しいふるまいだ。

受け手のプロをめざすからには、本当の受け手とつきあいたい。

そういえばこんな質問もよくされる。

「どんな人材が開発マンとして適性がありますか」

誤解を恐れずに言えば、誰でもOKなのである。ちゃんと受け手のプロをめざして、生活に熱中さえできれば。「感情に忠実になる」には、自分に正直にならなきゃいけない。「それを心にとどめる」には、さらに努力が必要かもしれない。けれど、それは他の職種適性と変わらない程度の話だ。

ま、しいて言えば、「人の話をよく聞く」っていう能力はかなり磨かなきゃならない。

その辺は、2章以降のテーマ。そこでもっと詳しく、具体的にのべる。

4 アポは「遠い人」を優先する

◆よほど意識していないと、つきあいは狭くなる

まわりのヒトを見わたすと、「知ってる人」と「知らない人」しかいない。「知ってる人」は、「好きな人」と「嫌いな人」に分かれる。表現がきつすぎれば、「得意な人」と「苦手な人」。それさえ自覚していなければ、「頻繁に会話している人」と「会釈程度の人」。

さらに細かく言うと、前者には「昔好きだった」とか、「あの頃は頻繁に会話してた」なんて人がいる。もちろん後者にも。「昔嫌いだった」とか、「昔すごく苦手だった」とか。いずれも「最近はごぶさただなあ」なんていう人たちである。

「知ってる人」を二つに分けて、どちらにも属さないのは、ただ単に知っている人。好きでも嫌いでもない。得意でも苦手でもない。ただ名前を知ってる、名刺を持ってる、同級生だったことがある、入社同期だっていうだけ、近所っていうだけ。つまり「ふつうの知りあい」である。

こうして「知ってる人」を三種類に分けることができた。

ふつうに生活していると、つきあいは「好きな人・得意な人」に偏っていく。会って、食べて、飲んで、電話して、メールして、遊んで、笑って、年賀状を出す。何を喜び、何に怒って、何に悩んでいるのか、だいたい知っている。

「うん、うん、わかるわかる」「そうよね、私も同じ」などとよく言いあう。ものすごく親しくなると、今どうしてるんだろうなんてことが気になる。北朝鮮拉致《らち》問題なんていうニュースを見ると、「彼（彼女）ならきっとこんな感想を言うだろう…」などと想像がついてしまう。

「好きな人・得意な人」を中心に、脳ミソの中にそんな他人が何人か入りこんでいる。

あるテーマ、あるアイデア、ある企画、ある商品モデル、ある事業案を、自分が思いつく。あるいは他人の案が、目の前にさし出される。

「これは市場に受ける」「絶対いける」「受けるわきゃない」…。

みんなが思い思いの発言をする。その瞬間、それぞれの判断基準になるのは、自分自身と、脳ミソの中の他人ファイルしかない。

「こういうのが欲しいって巷《ちまた》では全員が言ってます」

「こんなの誰もいいと思うわけがない」

「絶対にこれはいけますよ！」……。

「絶対」とか「全員」とか大声で叫ぶ人、強弁する人にかぎって、よ〜く意見を聞いてみると、脳ミソの他人ファイルには、たった一人か二人しか入っていないらしいっていうことが多い。それもご当人とよく似た、ごくごく「近い他人」のファイルしかなさそうだっていうことが。

◆つきあう「相手」をふだんから多種多様にしておく

いつの頃からか「アポが重なったら遠い人を優先しよう」と決めた。

仕事はもちろん、プライベートも含めた全生活で。

物理的な距離ではなく、精神的な遠さ。してきた体験の違い、さまざまな感情の種類、持っている情報の遠さと言ってもいい。

そうなのかどうかがわからない相手こそ、「遠い」ということも含めて。

職場の仲間は誘いやすいし、誘われやすい。しかし、違う部署から誘われたら、そちらを優先する。違う会社、違う仕事をしている人とダブったら、そちらの方を。業種も職種も遠い方が優先。仕事仲間でも、いつもスーツでしか会っていない同僚が、日曜日に会うと「遠い人」に変わったりもする。

「えっ、そんな趣味を持ってたのか！」「へー、意外な一面」。

あなたが企業人であれば、自営業やフリーランサーを、主婦を、学生を、子供を、家事手伝いを優先する。大卒よりも高卒。中卒。各種・専門学校。除籍、中退。男性であれば、女性。上にも下にも三歳よりは五歳、一〇歳、ひと回り年の離れた人を。もちろん物理的距離が、情報の遠さにつながっていることも多い。本州より四国。沖縄。日本人より外国人。

人間よりも犬、猫、動物全般なんていうのも本気で信じている。ところが講演会などで真面目にそれを言うと、「フフフ」と冷たく笑われてしまう。

「知らない人」も、一度会うと「知ってる人」に変わる。

同時に「得意な人」か「苦手な人」か、どちらかのファイルに入る。両方ともふえていく。ふえてくると、苦手だった人がそうでもなくなってきたりする。「好きな人と嫌いな人」「得意な人と苦手な人」の境界線は、知識や経験の共通点が多いか少ないかにかかっていると思う。たとえばご年配の方に何人も会っていくうちに、「病気」の話で打ちとけることに気づいた。「健康」ではなく「病気」。そう気づいたとたん、苦手だったご年配層がまったく苦手ではなくなる。

それでもなお遠くを見ると、「苦手な人」「知らない人」「まだ見ぬ人」が、地平線の向こうの方まで延々と広がっている。「遠い人からアポ」は、地平線開拓にはとても有効なワザである。

ただし、全員にはおすすめできない。なぜか。身近な人のアポはいつもあと回し。不評を買い、嫌われてしまうルールなのである。それでもOKという方だけにおすすめしたい。

5 「生まれて初めて」に挑む

◆「生まれて初めてリスト」を一つひとつクリアしていく

もうすぐ五〇歳という時に、一八、一九、二〇歳に囲まれながら、自動車教習所に通ってしまった。主義でも哲学でもなく、ただ免許を取るヒマがなかっただけ。

通学初日。教室でも、待合室でも、喫煙ルームでも、自然とカラダが萎縮する。こちらは恥ずかしいからそうなる。けれど若者たちは、「このオッサン、何者?」と、逆に恐ろしそうにこちらをチラチラとうかがう。親しくなった教官は、「きっと、免許取り消しの怖い方が取り直しに来たと思ってるんですよ」などとのたまう。何を言うか、失礼な! それが客に向かって言うセリフか。

新聞を読むふりをしながら彼らの会話を聞いていると、クルマにまつわるさまざまな情報を交換しあってる。初対面でもすぐ仲間。運転技術、買うべき車種、中古車価格の相場、保険のあれこれ…。話題は縦横無尽に広がっていく。ああ、オレも仲間に加わりたい。オレだって、クルマの知識と技術じゃまったくの白紙状態。一八歳と同じ。あれも聞きたい、これも知りたい。仲間に入れてくれ〜。しかしとても加われない。耳をダンボにして会話を盗み聞きするしかない。

仕方ないので、昼も夜も、会う人、会う人、誰にでもクルマの話題をぶつけてみる。

「今、何乗ってる？」

「一台目は何買った？」

「都心でマニュアル車はきついかなあ？」

「オレは何を買ったらいいと思う？」…。

タクシーに乗るたびに、すべての運転手に質問を浴びせる。

「右左折の時、ハンドルって、どのくらい回しますか？」

「ハァー？」と、運転手は絶句してしまう。

仮免に合格し、本や雑誌も買いまくる。「〇〇年カタログ」と銘打ったものは、評価コメント中心の活字系のものを三種類、ビジュアル中心の大判のものを二種類そろえた。人から推薦されたり、道ですれ違ったクルマは、まず写真で名前を確認して、次に評価を読む。インターネットで、クルマ雑誌のページやメーカーのページに飛んで、詳しい情報を仕入れる。ちょっと興味がわいたクルマは、「車種名」を打ちこんで検索してみる。出てくるわ、出てくるわ、愛車オーナーの個人ページが続々と出てくる。そのリンク集も。

「私と○○の愛と怒濤《どとう》の日々」(○○はいずれも愛する車種名)

「○○の電気系統トラブル対処法」

「○○近畿支部ツーリング報告」

◆起業時とまったく同じ「三つの作業」に没頭する

なんとか無事に免許取得。購入車種は決まらないものの、運転はしたくてたまらない。

評判がいいらしいと、トヨタ・ヴィッツを一カ月借りる。行き先も、目的もなく、ただただ走って、走って、走りまくる。走行中の疑問は、テクニックにしても知識にしても、その日偶然出会った人にまたもや聞きまくる。もちろん本も読む。雑誌も何種類も買い足していく。

よせばいいのに、「わ」ナンバー(レンタカー)に初心者マークを貼りつけて、外車ディーラーに飛びこむ。生半可な知識を駆使しながら、パンフレットをもらい、試乗をさせてもらって(ただし助手席)、見積もりまで頼んでしまう。営業マンの言葉は、一つ残さず聞き逃さない。

トヨタの次はマツダかと、二台目はユーノス・ロードスターを借りた。そして、走る。さらに新たなディーラーも訪問する。この際、国産車を次々と借りて走り回り、試しながら、外車ディーラーもすべて訪問してしまおう、などと心に誓う。

「生まれて初めてにチャレンジする」ということは、「自分から遠いテーマに挑戦する」ということでもある。そして、その際には、次の三つの作業に没頭する。

①資料を読みまくる。
②人に聞きまくる。
③とにかく実践する。

知らないうちに、使っていない脳ミソのある部分が拡張されていく。知らなかった世間のある部分が脳ミソの中に入りこんでくる。ちょっと大変だけど、楽しい作業だ。

このプライベートでの修練が、いざ起業という時にがぜん役に立つ。

「免許」も「新商品」も「起業」も、「生まれて初めて」であることに変わりはない。

6 一年の計は元旦にあり

◆議論に負けたくないと始めた「〇〇元年」

正月。いい年賀状を出し終えて、すっきり。

毎年、「今年はどうしようかなあ…」とソワソワする。確かハタチの年から始めた。「一年の計は元旦にあり」ということで、いつもその年のテーマを決める。

知らないうちに三〇個もテーマを追いかけてきたことになる。

初めての年は「太平洋戦争元年」とした。当時、OBを含めた大学諸先輩が、「自由」だ「社会」だ「平和」だと、抽象名詞を駆使してさまざまな議論をふっかけてきた。ノンポリの私は翻弄《ほんろう》されるばかり。しかし「安保」一つとっても、あの戦争をどう捉えるかがポイントだろうと。「よし！　それじゃあ徹底的に追体験しよう」。そんなきっかけからだったと思う。テーマを決めたら、「本」も「資料」も「テレビ」も「映画」も、そして「人との会話」も、一年間集中的にシフトする。その延長の二年目は、確か「第一次戦後派元年」とした。今思うとなんか変なテーマだ。

古いノートを引っ張り出してみると、一九七六年に「名画座元年」というのをやっている。レンタルビデオのない時代、あちこちの「二本立て」「三本立て」の映画館で名画を見まくった。

「北区図書館」「四谷公会堂」「京橋フィルムセンター」なんてところにも行ってる。しめて一年間に三三九本。よくもまあ見たもんだ。ノートを見ながら突然思い出した。この年は「餃子《ぎょうざ》定食元年」でもあった。映画の行き帰りの食事は、かならず餃子定食にしようと決めたのだった。ま、カネがなかったっていうこともあるけれど。あちこちの店で、一つとして同じ味はなかった。

◆テーマを決めることによって、情報がどんどん飛びこんでくる

元旦にテーマを決めるのが楽しくなってきた。

「ノンフィクション元年（ドキュメンタリー映像を含む）」

「少女漫画元年（少年漫画はわざわざテーマに掲げる必要はなかった）」

「ロック史元年（黒人霊歌→ブルースとカントリーの融合→ロック誕生・進化・分化・現代まで）」

「ロック・ベストヒット元年（その年のヒット曲をすべてフォローする）」

「中間小説元年（こんな言葉は使われなくなった）」……。

二〇代の大半は、今思うと好きなことに偏っていたのかもしれない。

二五歳でリクルートに入る。そこからは起業ばかりだったので、立ち上げ初年度は、かならず仕事直結のテーマとした。ほとんど泊まりこみなので、そうせざるをえない生活だった。

「とらばーゆ元年（女性と仕事）」「フロム・エー元年（若者とバイト）」「エイビーロード元年（海外旅行）」

「ハウジング元年（土地・ウワモノ・インテリア）」

「じゃらん元年（国内レジャー全般）」…。

そして、世の中の起業を横串で考える「新規事業元年（本書に書いているようなノウハウのあれこれ）」。

必死の初年度を終えて、事業二年目、三年目に入ると、やや時間に余裕が出てくる。黒字が見えてくれば、なおさらである。

三〇代後半になると、そんな一年を利用して、苦手なこと、得意でないことにチャレンジした。

「ビジネス書元年」「ワープロ元年（まだ二本指しか使えなかった）」「ゴルフ元年（スコアはすべて保存してある。まったく上達してない）」「ファッション元年」「うまい店元年」…。

苦手なものは、テーマ設定も大まかになる。得意だったら「うまい店」なんて大くくりにはならないはず。「和食元年」とか「イタメシ元年」とするところだろう。「料理元年」もやった。大失敗だった。「北欧風カツレツ」というのをつくって台所を汚しまくり、妻と大喧嘩。一月の半ばにして早くも挫折という結末になった。「あの時おだてときゃ良かった」という妻。しかし、再チャレンジはいまだにしていない。

「クルマ元年」についてはすでに書いたとおりだ。

7　通勤電車を「遠足」に変える

◆会社のデスクでは考えちゃダメ。そこは送り手の空間

どんな小さなアイデアも、社会を変える大きな事業構想も、まずは「思う」ことから始まる。

商品のことは横に置く。送り手の自分はとりあえず忘れる。なんとか受け手のプロをめざして生活する。その時々の感情に忠実になる。それを心にとめる。アポは遠い人から。生まれて初めてに挑む。〇〇元年を追求する。すべては仕事に落としこむために頑張ってきた仕入れ作業である。

「思う」ことさえできたら、その「思い」を外に出す。それを、こねたり、練ったり、つぶしたり、くっつけたり、混ぜたりしながら、判断することができる。

しかし、会社のデスクでは考えない方がいい。せっかく「世間」をたくさん仕入れてきたのに、送り手の空間で考えちゃいけない。ヘタな考えしか生まれない。まさに「休むに似たり」である。

「どんなときにアイデアはわいてくるか？」という設問がある。風呂場とかトイレとか散歩道を歩きながらなんて答えがある。夢の中でっていうのも聞いたことがあるけど、どれも学者や研究者の話だ。現代のサラリーマンにとっては、どれもこれもゆっくりしたい場所。何も考えたくない場所。ぼーっとしたい時間。そもそも散歩しているヒマなんかない。

時間がもっともまとまってとれるのは、行き帰りの通勤電車だった。そこまではプライベートだとおっしゃる方もいるでしょうが、どうせギュウギュウ詰めだ。私はずいぶん昔から通勤電車の中を「考える」場所、「思う」時間にしてきた。

いざ実際にそうしてみると、ひどい場所である。これでもかと詰めこまれ、圧迫と酸欠で呼吸困難になる。手足がどこにいったのかわからない。こんなところじゃ無理だとあきらめかけたけど、そういう態度で電車に乗ると、他の客が何をしているのかが目に入る。

見渡してみると、三種類の人がいた。「目をつぶる人」「何かを読む人」「キョロキョロする人」。

ま、そのどれかに属しながら「痴漢をする（される）人」もいるんだろうけど。

◆窓を景色が流れ、脳ミソを想いが流れていく

私自身はそれまで「読む人」であることが多かった。考えるんだからと「目をつぶる人」になってみる。しかしこれはダメ。眠ってしまう。起きていようとするとやけに耳がさえ、車内放送がこんなに多いのかと邪魔になる。

「次は○○、…戸袋に手を引きこまれませんように…」

うるさくて、アタマが回らない。

目を開く。不思議と音が気にならなくなる。キョロキョロタイプはたいてい中吊り広告を見ている。私も見る。とくに雑誌の広告は、眺めれば買わなくてもすみそうで得した気分。「女性セブン」はずいぶん派手な見出しだなあなどと感心してはダメ。やはりアタマが回らなくなる。深入りすると、キョロキョロから「読むタイプ」に変わってしまうことに気づく。

結局、外を見る。窓を景色が走る。これがいちばんいい。つり革にぶら下がって眺めるのもいいけど、ドア隅にカラダを固定した方がいい。揺れやブレーキの影響を受けにくい。しかし、景色は見すぎない方がいい。あのビルの看板の文字は…となると、女性セブンと同じになってしまう。かといって、考えすぎるのもマズイ。論理が勝ちすぎると想念が引っこんでいく。

街が流れ、想いも流れていく。身をまかせていると、思わぬ考えがわいてくる。気持ちいい。

だいぶ上達した頃、さらに職人ワザを発見した。同じ姿勢で、これから小学校の楽しい遠足に行くんだと思いこむこと。おこづかいは一〇〇円だ。ウキウキしてくる。電車の揺れと流れる風景に身をまかす。次から次に想いがわき出てくる。

アルキメデスの風呂も、カントの散歩道も、実は「遠足」気分の工夫だったのかもしれない。

8 「職場」と「酒場」を逆転させる

◆アフター5の「酒場」は、送り手が受け手に変身する場所

まだ行き帰りにタイムカードを打っていた頃、時々、不思議な感じがした。会社の入り口で「ここから先は仕事だよな」と思う。「お先に失礼します」と夜の街にくり出しながら「ここから先はプライベートか」とつぶやく。

しかし、本当にそうなんだろうか、と。

私がつくってきたメディアであれ、他の商売であれ、商品にはカタチがある。モノを扱わない業種・業態でも、そこにはサービスの形態がある。だから納期があり、工程があり、コストをにらむ。品質をより良くしていく。そのために手を動かし、カラダを動かし、カタチを完成させていく。道具や設備や人手が必要で、職場でしかできないことだ。

しかし、商品は受けるのか、サービスは喜ばれるのか、価値を生み出すのか、対価としての利潤を得られるのか。そう考えていくと、実は仕事の本質はどれも無形である。「ソフト化社会」といわれて久しいけれど、業種・業態がいくら変わってもその点は同じだと思う。

単なるひらめきや思いつきが、「アイデア」や「企画」となり、ついには「大ヒット商品」に結びついていく。そしてひらめきや思いつきは、職場以外でわき出てくることが多い。だから職場でものを考えることは、自分にも部下にも禁じてきた。

街で考えた方がいい。街に出て「思う」こと。もちろん通勤電車の中も、その一つである。

◆「職場で遊びの話!」「酒場で仕事のビジョン!」

まだ考えがぼんやりしていた頃から、「職場では遊びの話を。酒場では仕事の話を」なんていうスローガンを掲げた。話のわかるメンバーだなと思ったら、「遊び」のかわりに「SEX」と言ったこともある。今ならセクハラで訴えられてしまうかもしれない。

たとえば「じゃらん」という旅行情報誌で、「ねるとんパーティー企画」「クリスマスを旅館で過ごす」「カギつき露天風呂」…などなど、男女系、エッチ系の企画を次々と大ヒットできたのも、「職場でSEXの話を」どんどん奨励していたからなんじゃないかなあ、なんて思う。

転じて「酒場で仕事の話」。「それならいつもしてるよ」とおっしゃる方が大勢いるかもしれない。あちこちの店で、確かに耳にしてきた。街で必死に考えていると、よそのテーブルの会話にまでつい耳を傾けてしまう。これも職業病の一つかもしれない。たとえばこんな会話。

「だいたい何だよ、あの今朝の部長発言…」

「今年の新人は、たるんどるんじゃないか！…」

不満とグチと怒りと泣きと。いわゆるネガティブ談議。サラリーマンのストレス解消、ガス抜きには欠かせないものではある、確かに。これはこれで必要。ただしここで言う「仕事の話」は、これとは正反対のものだ。あくまでも前向きな、ポジティブなテーマである。

やおら一〇カ年ビジョンの大風呂敷を広げてみたり。商品理念のそもそも論に立ち返ってみたり。顧客の真の満足とは「〇〇じゃないか」と断言したり。どんどん関係のない余談にはずれていったり…。きわめて青くさい議論。知識も経験も乏しい新人がよくやりがちな飲み方…。

それを年齢に関係なくやることに意義がある。職場では階層をこえにくい。今日の数字が背中に迫ってくる。明日の数字もある。売り上げアップのためにかろうじて「SEXの話」ができたとしても、職場で青くさい「そもそも論」などはなかなかできないものである。

「それ、いいね」と思ったら、コースターの裏や紙ナプキンにメモをする。ただし、あわてずにきちんと書く。翌朝、なぜかポケットの中からコースターが出てくる。「何だ、このミミズみたいな文字は？　何が書いてあるんだ？」とならないように。

2章

「人の気持ち」を聞いて、聞いて、聞きまくる

1 「マーケティング」とは、「人の気持ちを知る」こと

◆わけのわからないカタカナは、納得のいく日本語に訳してから使う

だいぶ経験を積んでからのリクルート中途入社。だから即戦力ではあったと思う。しかし最初の辞令が「新規プロジェクト」。イチから丸々一つの事業を立ち上げたことなど一度もなかった。しかもリクルートは何も教えない会社だった。もちろんそのおかげで私が筋肉質で丈夫になれた、ありがたい環境でもあったけれど。


初日。うんうんとデスクでうなっていたら、直属の課長がこう言った。

「マーケティングだよ、君。マーケティングの本読まなくちゃ」

「はあ…」とは言ったものの、それって何？　聞いたこともない。

本屋に行って「マーケティング」がつけば片っ端から買いまくる。古いものは国会図書館や日比谷図書館で借りまくる。そして読む。チンプンカンプン。字面は追える。しかし何をすればいいというのか。この時点では「専門家なんか何もわかっちゃいない」などとはまだ言えなかった。「オレって、なんて頭が悪いんだろう」としか

思えなかった。

「とらばーゆ（女性向け転職情報）」「ベルーフ（技術者向け転職情報）」「フロム・エー（アルバイト情報）」と三人の子供を出産して、だんだん共通する段取りが見えてきた。三〇歳すぎ。四人目の「エイビーロード（海外旅行情報）」の創刊準備に入った頃だったろうか。

「マーケティングって、翻訳するとこうなるんじゃないか…」

やっとそう思えた。翻訳とは、具体的な作業ベースに落としこめる日本語っていう意味だ。

「人の気持ちを知ること」

これがマーケティングの日本語訳で間違いないと思った。

その後、さらに以下の四つの作業に分解できるということもわかった。

①人の気持ちを知ること。
②それを言葉にすること。
③言葉をカタチにすること。
④できたカタチを、ふたたび言葉で人の気持ちに訴えること。

それぞれをさらにビジネスっぽく言いかえてもいい。

「ヒアリング」「市場の課題抽出」「商品への反映」「営業・流通・宣伝・広報」

しかしあとの三つは、誰でもやり始めてしまう業務。わざわざ強調するまでもない。まずは「人の気持ち」を徹底して集めることが重要だ。「人の気持ち」をきちんと把握しないまま、あとの三つの作業を進めてしまうと、すべてが不完全なものになってしまう。

だからこそ「あわてて商品を考えてはダメ」だと、1章で何度も何度もしつこくのべてきた。

やはり「人の気持ちを知る」。この一つでマーケティングの日本語訳はOKだと思う。

◆「市場調査」は算数、「マーケティング調査」は国語

「マーケティング」を翻訳した。具体的な作業に落としこむことができた。

まだ右も左もわからなかった頃、諸先輩からも役員会の席上でも、「調査」という言葉がやけに飛びかう。そのたびに急いで走る。すぐに「○○白書」なんてのを買いに行く。ある時は、「労働白書」の女性のページを開く。ある時は、「観光白書」の海外出国人口の推移なんてのを見る。

霞が関の政府刊行物サービスセンターには何度も何度も足を運んだ。もちろん民間

調査会社のものも手に入れる。今ならネット検索をちょこっとクリックするだけでいい。もっと効率良く、すみやかに情報を入手できる。便利な世の中になったもんだ。

しかしある日、「おかしいな」と思った。同じ「調査」でも、ある人は「市場調査」と言う。ある人は「マーケティング調査」と言う。それって同じこと？　違うもの？

実はたいした区別もなく使っているんだなと、あとでわかった。

「マーケティング」を翻訳して、作業ベースに落としこむことができて、やっと初めて二つの違いが明らかになった。なんだ、まったく別モノじゃないか。

・市場調査………………きのうまでの「人の行動」を数字で知ること。

・マーケティング調査……明日からの「人の気持ち」を言葉で知ること。

リクルートはかなりマーケティングを大事にしてきた会社だと思う。にもかかわらず二つを混同している人はたくさんいた。実は百八十度違うものだったのである。

過去の実績と未来の予測。「行動」と「気持ち」。数字を明らかにするのか、あくまでも言葉にこだわる作業なのか。つまりは算数か、国語か。

市場を語る時は、すべてが数字でなければならない。市場調査の会議で言葉を弄《ろう》するのはおかしい。マーケティングであれば、逆にすべてが言葉。「何％だからこうしよう」っていう、数字から導き出した結論では、いい商品づくりにつながっていかない。算数で国語の問題を解こうとするようなもんだ。ぜひとも両者の違いを混同しないようにしたい。

市場調査によって過去の実績が把握できる。その数字をいじりながら仮説ができていく。それを確かめるためにも、あるいは闇雲に未来を予測するためにも、とにかく「人の気持ち」をたくさん集めなくてはならない。聞いて、聞いて、聞きまくらなくてはならない。

2章、3章は、すべてヒアリング技術。こんなこと、今まで誰も書いたことがないと思う。

2　ヒアリングのとっかかりは「算数」から

◆市場データの公式——「人数×回数or個数×単価=売上高」

ここに一本の缶ジュースがある。倉田商店で売っている。一本一〇〇円。昨年度の売り上げは、五万円。内訳を調べたら、一〇〇人のお客さんが一人平均五本買ったことがわかった。

一〇〇人×五本×一〇〇円=売上高五万円

この際、仕入れ値がいくらか、メーカーへいくら戻すか、人件費は、店舗経費は、なんてことはすべて省く。とにかく五万円の売り上げをアップさせたい。六万円にでも、七万円にでも。

右のような数式が明らかになれば、数字をいじっていくつも仮説を出すことができる。

出した数字の仮説は、戦略の仮説でもある。

戦略1　絶対顧客数一〇〇人を一二〇人にふやす（新規顧客開拓または商品改良も）。

戦略2　平均本数五本を六本に伸ばす（リピート顧客拡大または販売促進戦略も）。

戦略3　単価一〇〇円を一二〇円に上げる（価格戦略・値上げ）。

「今どき値上げなんかできるわけない」と思ったら、「八〇円に値下げして、顧客は一二〇人、売り上げ本数は六本にふやそう」なんていう考え方もできる。

戦略4　一二〇人×六本×八〇円（価格戦略・値下げ＋きっとコスト削減も必要）。

まだまだいくらでも数字をいじることはできる。つまり戦略を出すことができる。

数字ばかり並べた。これが「市場調査」の公式。まさに算数である。

倉田商店でいえば、一〇〇人のお客さんの「行動（購入）」を、数字で明らかにした。これが市場における、倉田商店の実態を表すデータである。今後どの数字が下がってしまいそうなのか、あるいは上げていくことができるのか。この市場データの数字をもとに、仮説を、戦略を、考える。

小さい倉田商店ではピンとこないかもしれない。しかし、一商店から商店街全体の缶ジュース売上高へ。市や区の全体、東京、関東、東日本、日本全国缶ジュース市場へ。さらには世界全体のマーケット規模へと話を広げていっても、それでも公式はまったく変わらない。

算数っていうのはすごい。一つの店も地球全体もみんな同じ公式である。

この数字を出さなければ、市場を把握したことにはならない。議論も始まらない。

◆「市場」に耳を傾けない判断は失敗につながる

役員会議が開かれる。先ほどの仮説の中から、戦略の「4」で行くことに決まる。

「商品改良・八〇円に値下げ・顧客一〇〇人を一二〇人に・本数五本を六本に」

想定公式は、「一二〇人×六本×八〇円」。うまくいけば売り上げは伸びる。

スケジュールどおり着々と改良を進め、新発売となる。しかしフタをあけてみると、思惑どおりには売れない。ほとんど前と同じ数しか動かない。開発費と値下げ分が痛手となる。

あちこちの企業で、よ〜く耳にする話ではないだろうか。

市場調査は、消費者の「過去」の「行動」の「実績数字」。その数字をいじった上の思惑は、「未来」の「行動」の「予測数字」に変わる。あくまでも予測にすぎない。あくまでも仮説である。仮説は、人に聞いて確かめなくてはならない。

人にまったく耳を傾けずに進めてしまうのは、次の三つの場合だけなんじゃないかと思う。

①公共事業、②独占事業、③経営者のアタマが悪い事業（企業）。

独りよがりの経営判断に陥らないためには、聞きまくらなくてはならない。

「市場調査」の数字をとっかかりにして、いよいよヒアリングのスタートである。

「味を変えたら買いますか？」「八〇円に値下げしたら買いますか？」

「たぶん買うつもり」「う〜ん、買わないと思うなあ」

未来の消費者の行動に保証はない。ただ言葉が返ってくるだけ。しかも「〜つもり」とか「思う」とか、すべて気持ちの言葉だ。本当に正直に答えてもらえたんだろうか。

まったくゼロからの新商品の場合には、もっともっと曖昧な答えしか返ってこない。

こうしてヒアリングを始めたとたん、算数から国語へと必修科目は移っていく。

3 とにかく「身近な人」から聞き始める

◆まずは「好きな人」「得意な人」「日頃よく会話をしている人」から

まずは「身近な人」から聞き始める。それも「好きな人」「得意な人」「日頃よく会話をしている人」からスタートする。いちいち人選なんかに思い悩む必要はない。プライベートではいつも意識しないでそうしているはずだ。

「携帯電話、そろそろ買い替えたいんだけど…、今、どれがいいの？　教えて」

「うちのマンション、管理費高いと思うんだよね。おたくんとこ、いくらくらい？」

そんなことをいつもは平気で聞いてる相手なのに、こと仕事になると、ためらう。仕事の話なんかしちゃいけないと思ってしまう。職場のグチなら話せるけど、もろ商売の話なんて、と。

「あいつ（親友）に、この業界の話なんかしてもしょうがないだろう…」

「うちの女房は、こんな商品まったく興味ないからなあ…」

そんなふうに決めつけてしまって、あっさりとヒアリング対象からはずしてしまう。

「さて誰に聞こうか…」などと頰杖をついて、わざわざ遠い方を見てしまう。むずかしい人選に頭を悩ませ、かえって時間を浪費してしまう。ただでさえ何かを生み出す仕事は、スケジュールを立てにくい。頰杖なんかついてるとアッという間に時間はたっていく。

思い悩んでいるよりも、すぐに身近な人にアポを入れた方がいい。

この商品は誰を狙うのか。初期段階にはそんなターゲットも決まっていない。仮説もまだあやふやなもの。誰に会えばいいかもわからないっていうのが実態だろう。

そんなぼんやりとした状態でも話につきあってくれる。あやふやな仮説をぶつけることができる。思いつきを聞いてくれる。そんな相手は身近な仲良ししかいない。だんだんターゲットを絞りこんでいくためにこそ、彼ら、彼女らがいてくれる。気さくな第一次面接官なのである。

◆身近であればあるほど、平気で「裸の王様だ！」と言ってくれる

「iモード」を開発した松永真理とは仲良しだ。「松マリちゃん」「倉っちゃん」と呼びあう仲。同僚時代はもちろん、お互いにリクルートを辞めた今でも。

その彼女が書いた『iモード以前』（岩波書店）という本の中にこんな一行がある。

――倉田とはまた、仲間と一緒のブレストにもよく出かけた。本のタイトルは、文字どおりNTTドコモ以前のこと。つまりリクルート時代をしている。ここではブレスト（ブレーン・ストーミングのこと）だが、ヒアリングでも何度もお世話になった。

「さて、次はこれをやろうか」っていう時には、つねにアポの第一候補だった。彼女が何かを始めるっていう時には、逆にこちらもよく利用されたけれど。

社内の仲良しでもいいし、学校の同級生でもいい。恋人でも、妻でも、夫でも、愛人でも、親戚でも、隣り近所でも。ごぶさたの大親友でもいい。直接にこしたことはないけれど、仲が良ければ遠く離れていてもいい。電話でもメールでも、心おきなく何でも聞いてしまう。

そんなことがわかってきた頃、ある調査会社の人間に注意された。

「親しい人ばかりですと調査結果にバイアスがかかるので、よくないのでは…」

余計なお世話だっての。そりゃ市場調査の話だろうが。

「バイアス」っていうのは、調査用語である。「かたより」とか「偏見」とか「先入観」とか。過去の実績を明らかにする市場調査では、特定の人にだけ聞くのでは確かにまずい。倉田商店ならともかく、何十億、何百億規模の市場を調べる時は、特定の人にかたよると正確な数字を見誤る。

今とりかかっているのはマーケティング。いや、その前の単なるヒアリングにすぎないのである。どんどんかたよってしまえばいい。だから、「まずは仲良しから」。

松永真理よりも誰よりもいつも聞いてきた相手がいる。今、一つ屋根の下にいる女性である。まさか結婚するとも思わなかった頃から聞きまくってきた。たび重なると先方も慣れてくる。

「ちょっといいかな？」「何？」

「○○のことで聞きたいんだけど…」「フーン、今度は○○なの？　それで？」

「これこれこうで…」「バカじゃないの。そんなの無理に決まってるじゃない！」

「身近な人」は、忌憚《きたん》なくずばずば発言してくれる。独りよがりな仮説に切りこんで、平気で「裸の王様だ！」と断言してくれる。とてもありがたい。

世の中に出すことができた一四の商品の背後には、この段階でボツになったテーマが山のようにある。「親しい人」から聞き始めるってことは、ダメ出しが早くできて、開発効率的にも大きなメリットだ。

ふだんのつきあいは「身近な人」にかたよりがち。そこをあえて「遠い人」を優先しておく。

いざ仕事となると、なぜか「遠い人」から考えてしまう。そこをまずは「身近な人」から聞き始める。それが、ヒアリング第一歩の秘訣なのである。

4 「好きな人」の次は「嫌いな人」。そして「ふつうの人」へ

◆ふり返ってみて初めて気がついた手法

「知ってる人」は三種類。「好きな人」「嫌いな人」「ふつうの人」。

「好きな人」「親しい人」は聞きまくった。さて、じゃあ次は誰に聞こうか。

かなり長い間、その次は「ふつうの人」に移っていくことにしていた。

「ものすごい仲良し」→「すごい仲良し」→「仲良し」→「やや仲良し」→「ふつうのつきあい」→「ただの知りあい」…ってな具合だ。それでいいと思いこんでいたのである。

「ふつうの人」とは、「好き」か「嫌い」かまだ判断がついていない人たちのこと。

しかし小一時間もヒアリングをしていると、どちらかのファイルに入る。そして、「今日はどうも…」などと挨拶をして別れる。収穫の多い時もあれば、少ない時もある。

「ずいぶんいいヒントもらったなあ」「思いもよらないこと言うよなあ」…というような重要参考人も現れてくる。そんな方たちのことをよ〜く思い返してみると、みんな「苦手な人」「話しにくかった人」だったっていうことに気づく。部下や後輩のために創刊ノウハウを言語化する作業をしながら、ずいぶんあとになってようやく自覚することができた。

自覚してからはヒアリングの順番を変えた。「好きな人」の次は、迷わず「嫌いな人」だ。

「嫌い」と決めつけられないまでも、「とっつきにくい人」「なぜか苦手な人」「日頃まったく口をきか（け）ない人」たち。異邦人との会話である。自分にとっての未開ゾーンへと向かう。

◆未開ゾーンを突き進みながら、目からウロコを落としていく

一九八一年冬、たて続けに技術者に会った。翌年創刊の「ベルーフ（その後テクノロジーB・i n gと誌名を変える技術者向け求人情報誌）」の準備段階だった。こちらは理科も算数もまるきしダメな文系。今思えば会う人すべてが「苦手な人」だ。何を話題にしていいのかわからない。聞き方もまだ洗練されていない。くる日もくる日も頓珍漢《とんちんかん》な会話をしていた。

「休日なんかは、やはり学会誌なんかに目を通されるんですか？」

「いや～、とんでもない。ミステリーを読むのが好きでしてね」

理系は自分と違う人、技術者はみんな真面目に違いない、休みの日も技術のことばかり考えてるに決まってる…、そんな先入観にこりかたまっていたわけだ。そして会う人会う人に、一つひとつカクンとはずされていく。目についた硬いウロコをボロッと落とされていく。

結果、技術者のほとんどが赤川次郎を好きという不思議な発見をした。「技術者も人間だ」という、実に当たり前な、しかし最重要な創刊キーコンセプトにつながっていった。

今の技術者はどうなんだろう。やはりミステリーは好きなはずだ。高村薫だろうか。もしかすると宮部みゆきかもしれない。

「嫌いな人」「苦手な人」「日頃会話をしない人」の対面人数がふえればふえるほど、オフィスビルの壁の中、頭の中だけで考えていた仮説が、どんどん覆されていく。修正されていく。

「味を変えればいいのか」「値下げすればいいのか」、本当の答えに近づいていくのである。

5　用紙なし・録音なし・謝礼なし・90度の位置・友達感覚・2ショット

◆「ふつうの知りあい」、そしていよいよ「知らない人」へと向かう

たくさんの人に会う。言葉を交わす。聞きまくる。

「好きな人」のメリットは、忌憚のない答え。早い段階からヘタな考えをばっさりと斬り捨ててもらえること。かと思えば一転、心の底から賛成してくれる。とても勇気づけられる。もちろん喜んでばっかりいちゃあダメですけどね。応援してくれる。

一方、「嫌いな人」「苦手な人」のメリットは、思いもよらないやりとり。予想もできなかった感想。こちらの狭い了見をグイッと広げてくれる発言。脳ミソのストレッチみたいなもんだ。

次々と集めた「声」が脳ミソに充満していく。ノートに埋まっていく。同僚が集めてきた「声」も、ブレスト会場で、投げ出しあい、受け取りあう。

仮説が修正され、補強され、時には大どんでん返しとなりながらも、確かなものになっていく。

ここまでくれば「ふつうの人」にアポをとる。そして「知らない人」へと向かって

いける。

集めてきた「声」を披露しあう正しいブレストのやり方。その「声」をどうやって仮説に反映させていくのか。どんな仮説を整えれば「ここまで来た」と言えるのか…。まだまだ説明していない段取りがたくさんある。しかし、それらは3章以降のテーマである。

ここではまだヒアリングの技術・技能・スタンスに話を絞る。

◆「相手の場所」へ行って聞く

たとえばこんなイメージ。

何かを生み出したい。いいものをつくりたい。商品であれば評判を呼びたい。ヒットさせたい。たくさんの人に買ってもらいたい。男女でいえば、たくさんの異性にプロポーズしてもらいたい。政治家でいえば、大勢の人に投票してもらいたい。

将来の支持者に、あるいはその予備軍に次々と会っていく。その方の思いや考えを、聞いて、聞いて、聞きまくる。時にはこちらの政策を言う。反応が返ってくる。「やはり間違えてなかったな」と自信を深め、政策が肉づけされる。「まさかそんな意見があったとは…」と額に冷や汗を浮かべ、反省しながら政策を修正する。さて、次の選挙では当選できるのだろうか。

こういうイメージを頭の片隅に置いておけば、スタンスはおのずと決まる。「好きな人」「嫌いな人」はどこで会ってもいい。いずれも自然に場所は決まる。「ふつうの人」だとそうはいかない。「知らない人」となるとなおさらだ。そして、かならず犯してしまうのが、きれいな応接セットに招いてしまうというミスである。相手は大事な顧客予備軍様である。なのに「招いた」つもりが、実は「呼びつけている」。

ゆったりとした「ルノアール」がいいのか、「ドトール」か、禁煙の「スターバックス」がいいのか、アフター5の居酒屋か…。相手がもっとも自由に「気持ち」を出せる場所。

「相手の場所」が基準だ。女子高生なら、ファーストフードの二階席ということになる。

◆恋人にしないことは、ヒアリングでもしない

ヒアリングを重ねていくと、聞きたい質問がふえていく。けれど、質問用紙などは持たない。頭に叩きこんでおく。もちろん録音も厳禁。メモもダメ。謝礼もなし。

相手は恋人候補である。恋人を前に質問用紙を持って、「私を好きですか」なんてやる人はいないだろう。飲食代も割り勘が理想だ。ま、相手によってはおごる。電車賃実費というのも、相手によっては出す。渋々ですけどね。ただし経費節減が理由なんじゃない。

いかにホンネが聞けるか。すべてがここにかかっている。一万円の謝礼なんかもらった日にゃ、私だったらいいことしか言いませんからね。褒めまくる。五〇〇〇円でもまだ褒める。どうしてもお支払いするべき対象者であれば、できるだけ「薄謝」にするってことです。

「薄謝」といえば、とても感激したことがある。六〇代以上の方々を徹底的にヒアリングした時のこと。もちろん「謝礼なし」でのぞんだ。しかしさすがにご年配だからと、「二〇〇〇円」だったか「三〇〇〇円」だったかを懐にしのばせておくことにした。二段構えである。

ある日、七〇歳すぎの方に二時間くらいお話をうかがった。有名企業の副会長を引退された方。私はそのあとに都合があった。ご本人はまだ話し足りなさそうだった。

「こんなにお時間を頂戴しながら、何のお礼もできなくて恐縮ですが…」

「いや〜、とんでもない。年寄りは話を聞いてもらえるのが何よりの喜びなんですよ」

感謝されたから喜んだんじゃない。その言葉に、ご年配向けビジネスを考える上での大きなヒントをもらえたなと、感激したのである。残念ながら起業することはできなかったけれど。

◆習うより慣れる。場数が技術を磨いていく

座る位置は九〇度がいい。体得したワザである。
初対面でも抵抗感のない位置として、欧米でも日本でも心理学の実験で証明ずみのようだ。国によって心理的距離というのも違うらしい。「これ以上は近づかないでくれ」という距離。個々人によっても違うんじゃないかと思う。その距離感を意識して、ぎりぎりまで顔を寄せる。そして時には離れ、時には寄り、言葉を交わしていく。

調査会社はよく「グループ・インタビュー」というのをやる。調査員一人に相手四人とか、五人とか。これは「気持ちを聞く」場合には絶対厳禁だ。声の大きい人がしゃべりまくり、他の人は「Aさんと同じ意見です」「私もです…」となってしまう。見知らぬ他人がたくさんいるところで、自分のホンネの告白なんてなかなかできない。

人数を稼ごうっていう調査会社の陰謀じゃないかと疑っている。

「知らない人」といかに素早く「友達感覚」になれるか、すべてはそこをめざすもの。

「私にできるかなあ…」なんていう部下もこれまでにたくさんいた。だけど、みんなうまくなっていく。実は仕事である。明日の何千万円、何十億円を生み出すことになる仕事なのである。できるようにならなくちゃ。

売れる商品をつくりたい。そう肝に銘じて、場数を踏んでいくしかない。

6 「したこと」から、「思い」や「感じ」を引き出す

◆人間は三つの層でできている──「属性」「体験」「心理」

初めて会って、ほんの一時間くらいで意見や気持ちを知りたい。

「一〇〇円を八〇円にしたら買いますか」「どんな味がお好みですか」「大嫌いなのは何ですか」「ぜひご意見を」…。

すぐに本題に入りたい。こちらが焦れば焦るほど、相手は引いてしまう。答えてくれたとしてもタテマエである。初対面で「気持ち」などふつうは出てこない。

席についたら、答えやすい質問から入る。いわゆる「事実」を聞く。

「住所」「氏名」「年齢」「職業」「最終学歴」「未既婚」

テーマによっては、「年収」「居住形態」「出身地」「子供の有無」「カードの種類」

など、必要なものを加える。いわゆる「属性」である。

対面の場合は、「〇〇です」ですむので、答えやすい。

「一八です」「独身です」「早稲田理工です」…。これには過去形もある。「先月引っ越したんです」「三年前離婚しました」

プロフィールにあまり深入りしてはならない。人によっては、住所や学歴や居住形態など、ものすごくプライドを持っていたり、逆にコンプレックスを持っていたりする。そんな話につきあっていたらいくら時間があっても足りない。趣旨からもはずれていってしまう。

最初の一分か二分で、ささっとすませる。この時だけは細かいのでメモ用紙を使う。

「気持ち」を聞くのは最後。単刀直入に切り出して何度も失敗した。試行錯誤をくり返していくうちに、「そうか、人間は三つの層でできているんだなあ」とわかってきた。

外側にプロフィールがある。いちばん奥底に地球のマグマのような「ホンネの気持ち」がある。その中間にもっとも大きく広がっているのが「体験」という層である。

①プロフィール（表皮）

②体験層（いちばん大きい）
③気持ち（深奥部で熱くどろどろしている）
ヒアリングは、心の最深奥部のマグマに向かって掘り進んでいく発掘作業である。

◆突然「気持ち」は出てこない。まずは「したこと」から

体験したこと、行動したことから入っていく。

「二回転職した」「年一回は温泉に行く」「毎朝ジョギングをしている」…。

倉田商店であれば、「缶ジュース、いつもお買いになってますか」という質問になる。

人によっては一問目から盛り上がる場合もある。話したいこと、熱中していることがわかれば、どんどんそこに話題を集中する。フムフムとうなずく。

「オレって缶飲料についてはうるさいよ。新しいの出たら、すぐ飲むもんね…（延々と続く）」

話したくてたまらないテーマっていうのは、すでにその方の「思い」につながっている。こちらが聞いたのが体験であっても、答えは「熱い思い」の場合がある。

この話題が大好きなんだな…。鉱脈を見きわめることができたら、どんどん掘り進めていく。

「思い」「感じ」「考え」「意見」「感想」「期待」「要望」「批評」…などなど。どんどん本題の質問に突き進めばいい。「気持ち」を聞き出すことに時間がたっぷり使える。

◆おとなしい人ほど「熱い思い」を持っている

ふつうはそう簡単に盛り上がらない。相手のリズムにあわせなくてはならない。早口であればこちらも早く、遅ければゆったりと。「体験層」にじわじわと分け入っていく。

一つ答えが返ってきても、「5W1H」をさらに投げ返していく。

「うん、缶コーヒーなら、時々買うよ」

「それはいつのことですか」「どこでですか」「誰とですか」「いくらだったんですか」…。

まるで刑事の尋問に似てくる。「体験層」への質問は、事実を確認すること。まるで取り調べと同じなのである。だからこそリズムに注意する。相手の呼吸にあわせて進める。相手よりちょっとでも早くなると、まさに尋問、さらには詰問になってしまう。

リズムさえ注意すれば、「したこと」っていうのはとても答えやすい。どんどん昏がなめらかになってくる。最初は一問一答だったキャッチボールが、続けて二球返ってくるようになる。そうなればしめたものだ。いよいよ後半モード（気持ち）に入れそうなサインである。

だんだんこちらは引いていく。おとなしい人だと、それでも簡単には出てこない。だからといってあわてて次の球は投げない。おとなしい人ほど、実はものすごく熱い思いを胸に持っている。とてもいいヒントをもらえる人である。

だからグッと我慢する。耐えている沈黙が長くなりそうだったら、違う話題に転じる。

「ずいぶんこの喫茶店、混んできましたねえ…」

「そうですねえ…」

喫茶店を見わたしながら、静かにコーヒーを飲む。タバコを吸う。ひとときのブレイク。店内の様子や紫煙のゆらめきに関心がいく。一瞬、相手のことを忘れてしまう。自然にそういう流れになれるようであれば、なおさらいい。

そんなブレイクのあとに、ぽつりぽつりと「思い」を語り出すことがよくある。

「なんでA社の缶コーヒーばかり飲んでるのか、さっきからずっと考えてたんですが…」

深～い相づちを打ちながら、ゆっくりと「気持ち」の扉を開ける。

7 「WHY」という鍵が「気持ち」の扉を開く

◆「表情」「しぐさ」「口調」「間合い」…すべてに目を配る

聞く方も答える方も、前半のやりとりはそんなにむずかしくない。

「よく買いますよ」「どのくらいですか？」

「一日一本は飲むかなあ…」「え、毎日ですか？」

「たまには二本の日もあったりして」「銘柄って決まってるんですか？」

「A社のものが多いかなあ。ま、別にこだわってないけど…」「ほかの銘柄では…？」

とにかく事実である。「ジジツ、ジジツ」と心に唱えながら進める。

やりとりはシンプルだけれど、一つひとつの表情、しぐさ、口調には、細心の注意を払う。

一度も刑事をやったことはない。けれど、きっと似ているに違いないと思う。

刑事が注意を払うのは「怪しさ」だろう。「缶コーヒーの話をしてる時、ちょっと表情が変わったぞ、こりゃ何かあるな、怪しい」ってな具合じゃないだろうか。

開発者が見逃してはならないのは「興味」「関心」である。

「あれ、しゃべりながら目がキラッと光ったような…。もうちょっと聞きたいなあ…」

刑事の場合は「ちょっと署に来てもらえますか」と自白に向かう。こちらは勾留もしないし、ウソ発見機も、暴力も使わない。さらに言葉を使って後半に向かう。

「WHY」という鍵を使って「気持ち」の扉を開くのである。

◆「聞く」から「うながす」、そして「受けとめる」へ

ぱっと急に顔が明るくなる、しゃべりのトーンが高くなる、声が大きくなったり、答えながらみずから笑い出す、人によっては鼻の穴がぷくっとふくらんだりする…。

こりゃ関心が高いんだなと思ったら、すかさず「～した」行動の動機、理由、背景を聞く。

「え、またなんで、その銘柄を？」

「ほ～、何か理由でもあるんですか？」

「へ～、どうしてそんなに続けざまに何本も…？」

「WHY」の鍵がピタッとあうと、「思い」が機関銃のように飛び出してくる。

「よくぞ聞いてくれました」などと言われたりする。「気持ち」を聞き出す後半モードに突入である。

静から動へ。クールからホットへ。「行動」から「心理」へ。

「したい」「してほしい」「好き」「嫌だ」「頭くる」「嬉しい」「困る」「楽しい」「泣けちゃう」「いい」「悪い」「すっごく」「とっても」「お願いだから〜」「もっと〜」「チョー〜」…などなどなど。

豊かな表情とともに言葉があふれ出してくる。まさにマグマの噴出だ。

すべて「気持ちの動詞」「気持ちの形容詞」「気持ちの副詞」たちである。

もう「質問する」という立場は忘れる。「聞く」よりも「うながす」。背中を押すだけ。待つだけ。あふれ出る「熱い感激」や「どろどろした怨念」を、ていねいに受けとめる。

一つひとつの「気持ち」が、いい商品づくりのための、部品となり材料となり構造となる。

受けとめた「言葉」が、開発を推進するエネルギーとなり、起業後の事業ビジョンそのものになることさえある。

◆「Be」から「Do」へ。「WHY」によって「Feel」「Think」へ

整理してみよう。ヒアリングの段取りはこうなる。

(1) 属性　　「○○です」「Be」（一分かそこらで）
(2) 行動　　「○○した」「Do」（事実確認・5W1H）
(3) 動機・背景　「なぜなら～」「Because」（「WHY」を使う）
(4) 心理・思考・感情「思う」「感じる」「Feel」「Think」（受けとめる）

あらためて整理してみると、まるで起承転結そのものだ。

「起」――プロフィールは最初の一分か二分でささっとすます。
「承」――行動・体験に分け入る。焦らずに5W1Hのボールを投げていく。
「転」――「なぜ」「どうして」を使って、理由や動機や背景に話題を転じる。
「結」――最終目的は、「気持ち」。しっかりと受けとめる。

◆**前半は「市場」、後半は「マーケティング」**

ちょっと違う整理の仕方もできる。

「気持ち」を知るためには、「行動」を聞くことが重要な導入部となった。

・市場調査――きのうまでの「人の行動」を、数字で知ること。
・マーケティング調査――明日からの「人の気持ち」を、言葉で知ること。

前半が「市場」、後半が「マーケティング」とも言える。送り手としてのこちらが市場調査の数字から供給戦略を導き出すように、消費者一人ひとりも、「気持ち」を外に出すためには、受け手としての「体験」をふり返らなければならないようだ。固く言えば、ご自分がとってきた消費戦略を思い出すために。

ビルの壁の中で、オフィスの部屋の中で、会議室のテーブルの上で、スーツを着た組織人としての脳ミソを使って、円グラフや棒グラフのマクロな数字に満足してしまってはまずい。

街に出て、一人ひとりにお会いして、一言一言に耳を傾けて、それぞれの数字にこめられた「気持ち」を聞き出す。数字にもう一度命を吹きこんでもらう。数字を生き返らせてもらう。

ヒアリングは、消費者のかたわらに座ってそれに手を添える作業である。

8　いつでも、どこでも、誰でも、何でも、ヒアリング

◆スケジュール帳に書いてある相手は、誰にでも聞いてしまう

すべての時間をヒアリングにあてるわけにはいかない。定例の会議がある。研修もある。行事もある。プライベートでは披露宴出席、マンションの理事会、親族回りの野暮用…。いくらでも時間がとられる。

「声」をもっともっと聞きたい。もう少しで手ごたえがつかめる。気分がノッてくると、電車やタクシーの移動時間も無駄に思えてくる。

しかし、これには簡単な解決策がある。会う人全員に聞いてしまえばいいのである。

真面目に定例会議をこなした後、歩きながらでもエレベーターの中でも、聞いてしまう。

「○○さん、海外って、よく行くんだっけ？」

マンションの理事会の前後でも、披露宴会場でも、そばにいる人にはみんな聞く。

「ほ～、毎年一回はリゾート？　豪勢ですねえ。そりゃ、また、何で？」

タクシーの運転手でも、喫茶店のウエイトレスでも、居酒屋の仲居さんでも、バーでたまたま隣に並んだ人でも、可能であれば、誰彼かまわず聞いてしまう。「知らないだろう」「興味ないだろう」「嫌がるかもしれない」などと勝手に決めつけないこと。

自分の妻でさえ意外にいろんなことを知っている。本人のではなくても、知りあいの知識や体験をたくさん聞いている。持っている。

「〜っていう人、いたわよ。変わった旅行よねえ。でも私たちも、今度行ってみない？」

無駄な時間なんてのはまったくなくなる。スケジュール帳に書かれた名前の全員が、ヒアリング対象者に変わる。もちろん書かれていない人も。

◆「した」と「思う」を、ちゃんと聞き分けること

この「誰でもヒアリング」には、注意することが一点だけある。

「した」と「思う」は、きちんと聞き分けること。会議前後の五分だったり、タクシーの一〇分だったり、ビル間移動の数分だったり…なので、悠長な段取りをとっているヒマがない。当然、相手の答えも論理的には返ってこない。

「先週またグアム、家族で行ってきたよ。良かったよ。値段も手頃だし、気さくな島で…」

この答えには「事実」と「意見」が一緒くたになっている。

「先週・グアム・家族・安い値段」は、市場データ。

「良かった」「手頃」「気さくな島」は、マーケティング・データである。

そこで、さらに聞き出す。

「へ〜、旅行会社はどこにしたの？」（「事実」へのツッコミ）

「よく行くよな〜、どこがそんなにいいの？」（「心理」へのツッコミ）

ずっとこんなことばかりしていたら、小学生の作文からニュース報道、日常会話から芸術表現にいたるまで、全部この二つでできていることに気がついた。

「きのう遠足に行った（行動）」「楽しかった（気持ち）」（小学生の作文）

「（女性キャスターが原稿を読む）官僚が収賄で…（事実）」

「（久米宏がため息をつきながら）何やってんでしょうね（感想）」（ニュース・ステーション）

「新郎はN大を首席で卒業し…（事実）、ホントに本日はめでたい…（感想）」（披露宴スピーチ）

「具象と抽象」「叙事と叙情」「ノンフィクションとフィクション」（芸術表現）

本題とは関係ないけれど、これはこれで使える。とても便利です。

◆建物・空気・雑踏・BGM・隣の会話――「何でもヒアリング」

三〇年以上もヒットを飛ばし続けている松任谷由実は、女性たちの街の会話を歌詞に取りこんでいるとか。まことしやかな噂である。本当のところは知らない。しかし、ちっとも不思議な話じゃない。事実なのに隠しているのなら、あまり「商売、商売」と思われたくないからかもしれない。

街から集めた「声」を、音楽に反映させてまた街に戻す。

「あ、まるで私のことを代弁してくれたみたい…」と感動する。いい商品づくりそのものだ。

ま、ユーミンの話はともかく。

電車も、レストランも、どこかの売り場も、雑踏も、飲み屋も…。

何かを生み出そうと思っていると、情報の宝庫だ。ネタやヒントがごろごろと転がっている。

隣の人たちの会話が、これまでのべてきたような「事実」や「心理」の収集になるのはもちろんである。しかも確認やツッコミは友だち同士でやってくれる。ありがたい。

さらにはその場の雰囲気。建物の外観。通りの並木道。店の内装。流れている音楽。館内放送。大人っぽいのか、うるさいのか。同じうるさくても、楽し気なのか、ギスギスしているのか。なぜ急に改装したのか。なぜこのBGMなのか。急にできたこの店は何を売っているんだろう…。

リクルート初の後発メディア「フロム・エー」。若者向けのアルバイト情報誌。一年の準備でいつでも創刊できる状態になった。しかし、後発ゆえになかなか役員会の決裁がおりなかった。結局、実際の誕生までには丸三年もかかってしまった。

その間、イライラした私は、ヒマさえあれば都内の大学キャンパスにもぐりこんだ。休み時間に教室にまで入りこんだ。生協で買い物もした。食堂でランチも食べた。

雰囲気をカラダに染みこませ、空気を吸いこみ、創刊のその日にそなえていたのである。

3章 「不」のつく日本語をもとめて

1 「不満を提供しない」心地よさ

◆目に飛びこんできた「一〇分一〇〇〇円」の看板

一九九八年四月。丸二〇年働いたリクルートを辞めてフリーとなった。たった一人で働いていると、アポとアポのすきま時間をどう過ごすかが結構むずかしい。

銀座で一つ打ち合わせをすませ、「遅い昼飯でも食うかな」と歩いていた。新橋駅から外堀通りを内幸町に向かう。交差点の信号で立ち止まる。

「一〇〇〇円」という異様にデカい文字が目に飛びこんできた。とあるビルの二階の窓。

――何だ、ありゃ。あんなのあったっけ?

「QBハウス」という看板。どうも理容室らしい。今でこそ全国規模の一大チェーン店である。しかし、その時にはまったく聞いたこともない名前だった。

髪はちょうどボサボサ。「こりゃ有意義な過ごし方だ」と、思わず階段を上がってしまう。

中に入る。待合席に客は一人。ちょうどその客が出ていく客と入れかわる。

――おお、いいね、次じゃないか。

平日の昼間。私以外は全員スーツ姿。満席。といっても全部で五席か六席だった。

「カードをお願いします」

店長が客の髪を切りながら横目で言う。言われたとおり一〇〇〇円札でカードを買う。

――これでレジが不要ってわけだ。床屋もついに立ち食いそば屋になったか。

壁のチラシを見ると、都内に六店舗。うたい文句も書いてある。

「一〇分一〇〇〇円」「髭《ひげ》剃りなし」「シャンプーなし」「ムダなサービス一切なし」

――こりゃ床屋がファーストフードになったんだ。

と思う間もなく、「どうぞ」と声がかかる。二分もたっていない。

「どんな感じで」「こんな…」「わかりました」

とたんに手が動き出す。ハサミとバリカンが頭を舞って、完成。

そなえつけのバキューム・ホースでゴーッと頭を一周。肩まわりも吸引。掃除機に吸われるゴミになった気分。トリミングをされる犬、手入れをされる牛になった気分でもある。

思わず吹き出した。なぜか店員もつられて笑い出す。「一丁あがり!」ってなもんだろう。

店を出て時計を見る。きっかり一〇分。看板に偽りなし。

「うまい! 早い! 安い!」。いや〜、お見事、お見事。

◆「不満を提供しないサービス」の満足感

「ドトール」で食事をした。コーヒー片手にタバコをくゆらせながら、QBハウスの感激を整理してみる。「そうか、ドトールも同じ発想だったなあ」と気づく。

「早い、安い、その割にうまい、混んでりゃ立ち飲み、持ち帰りOK、すきま時間に有効」

街中にあふれていた純喫茶を駆逐してしまった。

細切れ時間を有効に使いたいサラリーマンやOLの味方っていうのも、QBハウスと同じ。

結局どちらも、それまで既存業界が放っておいた「不平」「不満」「グチ」を解消している。

床屋については、つねづね「不満」をたくさん持っていた。

「時間がかかりすぎ」「平日に行けない」「土日は延々待たされる」

「客をモルモットにしてアシスタント教育」「髭剃りは自宅でやるからいい」「シャンプーはいらない」「マッサージ不要」「耳かきも結構」「その分安くしろ」「どの店行っても料金同じじゃないか」「談合価格だろう」…。

これらの不満をすべて解消して、QBハウスは新しい事業構造をつくってしまった。

「一〇分一〇〇〇円」は重要なポイントだ。「早い、安い」ということ。しかも土日に二、三時間待たされていたことを考えると、手に入れた「時間」の方に、さらに大きな価値がある。

平日の仕事の生産性も、休日の遊びの生産性も大幅アップである。

そのうち都心以外にもふえていくに違いない。ドトールと同じように。主婦も子供もスケジュール帳を片手に、今やみんな「忙しい、忙しい」の毎日ですからね。

一九九八年にそんなふうに注目したQBハウス。今や国内三三六店、アジア進出も含め、計三五七店舗という急成長をつづけている（二〇〇六年六月九日現在）。

人はいろんな「気持ち」を持っている。その「気持ち」にこたえて何とかサイフのひもをゆるめようと、さまざまな送り手が日々努力をしている。「満足」がその代表だろう。しかし最初から「満足」を提供できるのは、ひと握りの「一流品」や「高級店」だけなんじゃないか。

寝て、起きて、食べて、働いて、遊んで、飲んで…。

二四時間動き回りながらたいていの人が日々感じているのは、「不満を提供しないでほしい」という一言につきるのではないだろうか。

「きめ細かなおもてなし」を足し算する商品は大歓迎だ。けれど、「余計なお世話」を徹底的にはぶいた引き算商品の方が、それ以上にいつも必要とされているんじゃないかなと思う。

2 「夢」より「グチ」が商売につながる

◆初体験で身についた偶然のノウハウ

一九七九年八月一七日。辞令をもらって、上司とたった二人のプロジェクトがスタートした。翌年二月に「とらばーゆ」を創刊する。女性の転職情報誌。しかしこの時点では、まだ誌名もコンセプトも決まっていない。漠然《ばくぜん》と「女性」と「仕事」にテーマを絞り、「労働白書」の数字をひっくり返し、いじり回し、勝手に仮説を立てる。マーケティングの本を読みあさっても何も頭に入らず、フロアで一人呆然《ぼうぜん》とする。ともかくカラダを動かしたい。

「予備取材」をしてみようと思いたつ。対象となる人に会って感触をうかがうこと。集英社の「月刊PLAYBOY」編集部で横から盗み見ていた方法だ。

幸運にも社内の五割が女性だった。内線電話帳を開く。一〇〇〇人中五〇〇人が女性。なるべく会ったこともない女性にした。近い人間はいつでも話せる。どこでも聞ける。メールもない時代。内線電話でアポをとる。適当にページを開いて指をさす。

「中途入社で入った者ですが、会社のこと、いろんな方にお話がうかがいたくて…」

目的は告げずに、確かそんなトークを使った。ナンパと誤解されたかもしれない。一晩に一人。一〇日連続で一〇人に会った。飲み屋のレパートリーも少ないので毎晩同じ店にした。「定点観測だ」と勝手に決めた。めんどくさいので店のマスターにも目的を話さなかった。

だいぶあとになって事情を説明することができた時、お互いに初めて大笑いとなった。

「毎晩違う女連れてきて、なんて嫌らしいプレイボーイだろうって思ってましたよ」

「確かにそういう名前の雑誌でバイトはしてましたけどね…」

一〇人のヒアリングは、上司に許可を求めてやったことじゃない。当然タイムカードも打って、通常勤務外である。費用も自腹。すべて相手と割り勘にした。この時には理屈も何もあったもんじゃない。ふつうのアフター5だと思って、そうしただけのことだ。

「あのやり方で良かったんだ」ってことは、ずっとずっとあとになって確信した。

◆「夢派」と「グチ派」の二通りのしゃべり方

とりあえずビールで「乾杯！」などと言って、会話が始まる。

これまでのべてきたような「属性↓行動↓気持ち」なんていうチエは、もちろんまだない。

あっちへ話が飛んだり、こっちに話が行ったり…。相手の心の準備もできていないのに、「気持ち」の中に土足でズカズカと踏みこんだりもしてしまった。

「将来を考えると、女性が仕事を続けていくって、大変ですよねえ？」

「そんなこと私に聞いてどうすんの？　あなたが養ってくれるっていう意味？」

ああ、恥ずかしい。ふり返るとギャーッと叫びたくなる。

「いや、その別に…」などとオタオタしたりした。

そうはいっても一〇日連続。だんだんぎこちなさもとれてくる。

またこの時の私には、現在の私がどうしてもこえられない最大の長所が一つあった。男女の違いこそあったけれど、年齢も仕事上のポジションもほぼ同じ。一〇人の女性たちとは同じ地平に立っていたのである。いくらヘタな聞き方でも、共感さえあれば「気持ち」は出てくる。

一〇人の話に共通していたのは、「女性は仕事でもっと活躍できるはずだ」っていうこと。そして、「もっと私は活躍したい」っていうことだった。

ところが、同じ内容でも、人によってしゃべり方は二通りに分かれた。

「夢派」と「グチ派」。

活躍したい将来の夢を語るか、活躍できない現状にグチをこぼすか。

そして、わかりやすいのは、圧倒的に「グチ派」の方だった。

もし予備取材というひそかな目的がなければ、「夢派」の話を聞いている方が断然楽しい。耳に心地よいし、酒もうまくなる。相手の瞳からキラッと星マークが飛び出してくるような感じ。こちらも思わずハートマークを返してしまいたくなる。

しかし、何かのヒントにしようという姿勢で聞いていると、「グチ派」の方が参考になる。次から次に出てくる話が、どれもこれもきわめて具体的なのである。

「給料が安い」「大きい仕事は男性に回される」「事務職は嫌だ」「いつも買い出し役」「同期の内勤の男にお茶はくませないくせに」「課長もひどいこと言うんですよ」…。

具体的な怒り。悲しみ。あきらめ。かならず事例がともなう。しっかりと事実がある。

「アレがそうなんであれば、ソコをこうすれば、もしかして商売につながるかもしれない」

こちらも具体的な素材をもとに、脳ミソが回転し始める。

恥を重ねた甲斐があった。初体験の一〇人の女性たちはとても重要なことを教えてくれた。

そうか、人は「夢」よりも「グチ」にホンネをこめるんだな、と。

3 「消費者ニーズ」という言葉はウソっぱち

◆「ニーズ」よりも「コンプレイン（不平・苦情）」

「そもそも現代の消費者ニーズは…」

そういうコメントを聞くと、「あ〜あ、またか」と思ってしまう。

学者や専門家はまだいい。学んだり論じたりするのが商売だから。ふつうの商売人からそんな言葉が出ると、ちょっとがっかりする。たまに「ウオンツ」とか「シーズ」とかも飛び出してくる。使い分けられているようだけど、どれも大差ない。「消費者ニーズ」が誰にでも語れるものであれば、明らかにすることができるものであれば、誰でもすぐに起業ができる。日本中に成功社長があふれかえってしまう。

街をいくら歩き回っても「消費者ニーズ」は転がっていない。何百人に会っても誰一人として「消費者ニーズ」をしゃべってくれはしない。

一人と真剣に時間を過ごしてうまくヒアリングができても、やっとその方一人の「私はこう感じた」「私はこう思った」を知ることができるだけである。

一〇〇人にヒアリングをしたとする。七六人が「A社の缶コーヒーがうまかった」と言う。

七六%とはすごい。「私はうまい」が七六人も集まった。これが消費者ニーズに違いない。

「よし、倉田商店も缶ジュースをやめて、缶コーヒーで行こう」

A社とまるきり同じものを開発。あちらより二〇円安い八〇円で。大ヒット間違いなし。

しかし、まず売れない。文字どおり、そうは問屋が卸さない。

ホントに同じ味にできるのか。まったく同じ流通網に乗せられるのか。同じ販売ポイントを押さえられるのか。同じ営業マンパワーを持てるのか。人材の質も同じなのか。ブランドイメージは？　宣伝は？　広報は？　会社の格は？……。

仮にすべて同じにできたとする。そこまでして法的に問題はないのか？　そこまで物真似をして従業員は幸せなのか。最後の最後に、企業ビジョンは何かという問いかけに行きつく。

「人の気持ち」を聞きながら、倉田商店らしい商品をつくり続けていくしかないのである。

買った行動は数字に表れる。しかし人の気持ちは揺れ動いている。飲んだその時も、翌日も、だいぶ前をふり返っても、そのたびごとの曖昧な言葉でしか「気持ち」は表せない。

「うまかった」の言葉には、大声もあれば、ささやき声もあり、心の底からもあれば、とりあえず答えただけもある。謝礼をもらったからには褒めなくちゃっていうのも交じっている。

そんな曖昧な「うまい」を信じて、単純に足し算をしても答えは出てこない。かえって「まずかった」という人たちの声に、真剣に耳を傾けた方がいい。どこがまずいのか。その「声」のさらに奥を探り、横から見たり、裏返したり、行間を読んだりしながら、送り手が必死に発見するもの。それが結果としての「ニーズ」だと思う。

「ニーズ」よりも「コンプレイン（不平・苦情）」の中に、商売の手がかりがあると思う。

◆「いい気持ち」と「嫌《や》な気持ち」

面談人数がふえてくると、相手にどんな表情が表れた時、どんなやりとりになった時、どんなタイミングの時に、「なぜですか」と聞き出せばいいのかわかってくる。場数を踏んでいくとカラダが覚えてくる。どんどん人の「気持ち」が聞き出せるようになっていく。

相手と別れたあと、忘れないうちに急いでメモをとる。すぐ次にアポがある場合もあるので、メモにはそんなに時間をかけたくない。どんな紙でも、どんなペンでも、どんな書き方でもかまわないけれど、最終的に行きついた方法は…。

A4のコピー用紙をいつもクリアファイルに入れてカバンにしのばせる。原則一人一枚。盛りだくさんな人に会ったら裏にも書く。アポなしの「誰でもヒアリング」でも、突然メモしたくなったらこれを使う。特定のノートなんかにすると、一人ひとりバラバラにできないので、あとで使い勝手が悪い。そもそも家に置き忘れてきたりする。

Ａ４用紙の左上に、できるだけ小さく四角くかこって「属性」を書く。何枚もたまった時に、この部分がインデックスの役目をはたす。あとで「体験」をその右横に書いて、「属性」と「体験」がセットで並ぶことになる。

「属性」だけは聞きながら本人の前で書いて、書き終えたらわざわざカバンにしまう。

「別にメモもせずに裸で向き合いますからね」っていうメッセージだ。

Ａ４の下八割くらいがメインの「気持ち」を書くスペースとなる。

好みの問題だけど、油性のサインペンがすらすら書けて好きだ。赤と黒を用意しておく。まずすべて黒で書く。聞いた順番は無視する。印象に残った順番に書く。「気持ち」の強い順ということである。ひととおり書いたら、漏れがないか見返す。「あんなことも言ってたな」と書き足す。

思い出すかぎり書けたら、上から順に「気持ち」の重要度の高いメモができあがる。

黒はそのままで、赤ペンも持つ。二刀流だ。

人の「気持ち」には大きく二種類ある。「いい気持ち」と「嫌《や》な気持ち」。

「いい気持ち」の単語を黒で丸くかこみ、「嫌《いや》な気持ち」の単語を赤で丸くかこむ。一つの長い文章はかこまずに、「気持ち」の単語だけを小さくかこむ。

「牛丼屋に三人で行ったらオレのことだけ覚えてたみたいで、何も言わないでたまねぎ大盛りにしてくれちゃってさあ…、すっげえ嬉しかったっすよー」

この場合「すっげえ嬉しかった」を黒でかこむ。同じことをされて、「さしでがましいことするな」と怒る人もいる。その場合はその怒り部分だけを赤でかこむ。かこまなかった部分は「事実」となる。店員がたまねぎを大盛りにしてくれたのは、まぎれもない「事実」。

あとでいよいよ商品やサービスを考える時、この「事実」も強力な参考資料となる。

一〇〇人に会えば一〇〇枚のメモができる。黒っぽい紙もあれば、赤っぽい紙もある。いずれにしろ、「市場」に散乱している「いい」と「嫌」がどんどんたまっていく。

消費者のさまざまな「気持ち」が、色とりどりの「言葉」となって蓄積していく。

4 「不」のつく日本語をもとめて

◆ヒアリングは他人《ひと》まかせにしちゃいけない

すごく大事なことを書き忘れていた。

ヒアリングは他人《ひと》まかせにしちゃいけないということ。

いい商品をつくるために「人の気持ち」を聞く。2章はそのヒアリング技術。この章も引き続き「ヒアリングその2」の役割を持っている。そして、5章以降の「気持ちを言葉にする」「言葉をカタチにする」、いわば商品づくりへとつながる、その準備作業としての章でもある。

単なる「聞く」から、核心を「探る」作業へと近づいている。

そのつなぎ役としての重要なキーワードが「グチ」だ。

「夢よりもグチ」「ニーズよりもコンプレイン」「満足よりも不満」

「不平」「不快」「不信」「不足」「不正」「不良」「不都合」「不自由」「不作法」…など

など。

「いい気持ち」よりも「嫌《や》な気持ち」の方がより重要となる。メモ用紙の黒い丸よりも、赤い丸でかこんだ単語の方が重要なヒントにつながっていく。

「不」のつく日本語が、今後の作業の鍵を握っている。

ここまでくればもう「マーケティング」そのものだ。マーケティングは「人の気持ちを知る」と訳した。「いい気持ち」ももちろん参考にするので、この訳はこれでOK。

しかし、マーケティングの究極の目標は、「人の嫌《や》な気持ちを知ること」だと思っている。

今とりかかっているこの市場で、このテーマで、この対象者が、

「もっともアタマにきていることは何か」

「うんざりしていることは何か」

「あきらめてしまっていることは何か」……。

それさえ見つかれば、それを言葉にすることさえできれば、金鉱を掘り当てたようなものだ。まだ商品に手を触れていなくても、サービス内容を検討していなくても、である。

マーケティングは金鉱を探り当てる作業。商品づくりはそこを掘る作業だ。

ここまでくれば仕事はもう半分終わったようなものである。

だからこそ終盤に向かって、さらに微妙なメッセージを読み取らなくてはならない。

相手がふと口ごもる、言いよどむ、視線をそらす、話題を変える…。それを自分の目や耳で確かめて、自分の口でキャッチボールをしてみないと、なかなか「不」の核心はつかめない。

何でも一人でやるっていう意味じゃない。プロジェクトが何人いても、それぞれが他人《ひと》まかせにしないという意味である。当事者意識を持って、それぞれがみずから「不」をつかみとる。

偉いか偉くないかも、知識も経験も性別も年齢も関係ない。個々人の手ごたえが重要だ。

◆マーケティングに「調査」は必要ない

この時期がくると、「よし、胎盤ができたな」と心の中でつぶやく。

受胎・着床・妊娠・出産・産後の肥立ち・育児・離乳・一人歩き…へと続いていく。

独りよがりのわかりにくいたとえかもしれない。早い時期から「創刊は出産に似ているなあ」と思ってきたので、こんなたとえになってしまう。そのために何人もの恋人（候補も含むし、その後つきあわない人も含む）とデートを重ねて、「気持ち」を聞いてきた。

ちなみに、送り手は「女性」というイメージでいつも進めてきた。「モテない女」というイメージ。わがままな男性（消費者）の意見を聞きながら磨いていくというイメージ。「磨けば実はすごくモテるのよ」っていうイメージでもある。まことに個人的なイメージで申しわけないけれど、「モテモテ男」っていうイメージで進めていくと失敗するような気がする。

この時期、上からも下からもこんな会話が出始める。

「そろそろ調査会社に頼んで一挙に調べましょうよ」

「不」の核心に近づいてきた。つまり、裏返しの「気持ち良い」アイデアをどんどん出せば、商品のカタチが見えてくるということ。それを「いい」とか「嫌」とか言ってくれる対象者も絞られてきつつあるっていうことだ。

「誰に」「何を」提供すればいいか、それぞれがどちらも見え始めたということである。

調査とは、「誰」かに「何」かを聞く行為だ。

それがつかめ始めてきたこの時期、「一挙に大量に」っていう声が出てくるのも無理はない。

しかし、やはり自分たちで動いて、自分たちで直接聞いた方がいい。急いでつけ加えます。調査会社をつぶそうとはしてません。調査会社は必要。何十回とおつきあいしてきたし、たくさんお金も払ってきた。ただしほとんどすべてが「市場調査」。

正確な市場調査をするためには、彼らの専門性は欠かせない。

この時期はさらにマーケティングを深めていかなきゃならない。「不」の奥底にさらに入りこんでいく作業。「一挙」も「大量」も必要ないのである。もちろん円グラフも棒グラフも不要。

今さら間接に頼めば説明も必要になる。そこからさらに下請けに出される場合もある（市場調査ではOKです）。生の「声」ではなく、報告を間接に聞いて、質問までしなければならなくなる。

じわじわと進めてきた自分たちの方が「気持ち」については熟練している。効率もいい。それ以上に、そろそろ「気持ち」を商品につなげていくのである。商品を熟知しているのは自分たちだ。

みずから「言葉」を確かめながら「カタチ」にしていった方がいい。

起業後の部分修正や軌道修正でも、この時期にカラダで覚えた直接情報がきわめて役に立つ。

5　どれだけ「自分マーケティング」から抜け出せるか

◆「ママが赤ちゃんを殺す？」

「誰でも一度は自分の赤ちゃんを殺したいって思ったことがあるんですよ」

「エッ？」

返す言葉もなくイスから飛び上がった。少したって「ウソだろう」と言うのが精一杯。

赤ちゃん&ママ市場に向けた新規事業プロジェクト会議の席上でのことだ。会議といってもたった二人。物騒な発言をしたのは井上葉子だった（現リクルート人事部）。彼女は産休をとって子供を生んだあと、すぐに会社に復帰した。その体験を生かして企画書を書き、みずから志願したプロジェクトだった。

一九九四年一月。「赤ちゃんのためにすぐ使う本」というメディアに結実することができた。

創刊までに、妊婦から乳幼児ママ、先輩ママの過去の体験も含めて、「声」を聞きまくった。

「夜中に起こされる」「夫は手伝ってくれない」「妊婦だってオシャレがしたい」「泣くのは病気だから？」「どの病院がいいのか」「赤ちゃん用品はダサイ」「そばに相談する人がいない」「たまには外出したい」「買い物に行けない」「赤ちゃんOKの美容室はないか」「連れて行ける場所が少ない」……。

こんな「不」がたくさん集まり、核心に迫ってきた頃の会議だった。私もたくさんのママに会ったけれど、「殺したい」までは聞いていない。やはり井上本人の実体験があったからこそ、相手も気を許して告白してくれたのだろう。身近な人から聞き始める「自分マーケティング」の勝利だ。

一方、私にとっては「他人マーケティング」である。「ウソだろう」「ホントかよ」のままで止まってしまうと、プロジェクトは頓挫してしまう。納得しなければ進められない。

あわてて「身近な人」に聞きまくった。物騒な質問でも「親しい人」は助けてくれる。ほとんどの人が生々しいエピソードとともに、「イエス」と答えた。男としては驚きながらも、

「いいものをつくれば、ママたちのストレス解消にも貢献できるんじゃないか」

送り手として、つくり手として、そんな確信がふつふつとわいてきた。

みずから直接情報をカラダに染みこませること。その大事さの実例でもある。

◆実は「自分マーケティング」の方が要注意

「赤ちゃんを殺す」ほど過激ではなくても、核心に近づいていくと「自分」が問われ始める。

市場に充満するどろどろした怨念のような「不」に、自分は感情移入できるのか。もうちょっと作業レベルで言えば、目の前で「不」を訴えるその人に、しっかりと共感できるのかどうか。

「赤ちゃんのためにすぐ使う本」の場合は、「自分マーケティング」が共感につながった。

しかし、実は「自分マーケティング」の方がよほど要注意だと思っている。

「女性（とらばーゆ）」と「技術者（ベルーフ）」。

たて続けに「他人」に苦しんだ私は、三番目の「フロム・エー」で大喜び。想定読者は年齢が近い。四〇種類以上のバイト体験もある。自分そのもの。オレがやらないで誰がやる。

ところがこの自信が大間違い。いくら体験があっても、知識が豊富でも、年齢層がぴたりと一致したとしても、自分一人で何万人、何十万人のユーザーを代表することはできない。だからこそそのヒアリングである。「嫌いな人」「見知らぬ人」の声も聞かなくてはならないのである。

変に自信があるとヒアリングがおろそかになる。オレ自身で十分だ。ま、それでも反省しながら何とか聞きまくった。「声」がたくさん集まり、だんだん核心に近づいてくる。

似たような「気持ち」には容易に感情移入ができるのに、自分と違うタイプの「不」には腹が立つ。共鳴できない。会議の席上で反論してしまったりする。

「家庭教師のバイトやる奴なんて、お坊っちゃん、お嬢ちゃんだけだろ、どうせ」いや面目ない。きわめて柄の悪い「自分マーケティング」の男だったのである。

そんな学習のおかげで、「自分派」の人間がそばにきたら、今はこう言えるようになった。

「君の意見はわかった。ところで君って何割のユーザーを代表してるんだい？」

6 「オヤッ？」と思ったら、しつこく追求する

◆ヒアリング終盤──「深掘り」と「アドリブ」が重要になる

「誰に」と「何を」の二つが、だんだん見えてくる。ブレストをくり返しながら、ヒアリングも続ける。もっともっと浮き彫りにしていく。

「こういう気持ちの人をもっと見つけよう。どこにいるんだろう」

「白札屋で飲むのが好きっていうのが、みんなの共通項みたいですよ」

こんなウソのような本当にあった会話をしながら、核心が確信に近づいていく。

第四コーナーにさしかかったヒアリングは、矛盾する二つのことに注力しなければならない。

①共通して聞く質問項目を、日々洗練させていく（深掘り）。

②微妙な反応を逃さずに、臨機応変に質問を変えていく（アドリブ）。

①は、どんどん特定していく作業である。スポットライトを深く集中させていく感じ。

容。

「誰」を対象とするのか。「何」を提供するのか。対象者層。商品内容。サービス内容。

「この層ははずしたんだから、もうこの質問は必要ないでしょう」

「この質問は絶対に一問目に聞いた方がいいですよ」

②は、臨機応変に反応していく作業。サーチライトで広く探し回る感じ。

「今日の人には通じませんでした。聞き方変えましょうか」

「なんか反応鈍かったなあ。ホントに仮説あってるのかなあ」

創刊した一四のメディアの誕生プロセスには、いずれ劣らぬドラマがある。しかし、ここの段階にいたって、①の深掘りで大ショックを受け、②のアドリブで大発見ができたメディアがある。

一九九〇年一月に創刊した「じゃらん」だ。

◆「オヤッ?」と思った疑問は絶対にそのままにしない

一九八九年四月。じゃらんプロジェクトが始動。大庭広巳課長以下メンバー四名。初日の大庭との会話は忘れることができない。これからの段取り、やるべき作業を私が説明していた。

「いくつも創刊してきたじゃないですか。マニュアルってないんですか?」

「何甘えたこと言ってんだよ。カラダで覚えるんだよ、カラダで」

強がったもののショックだった。確かに彼の言うとおり。

徒弟制度じゃないんだからマニュアルくらいつくらないとなあ。

深夜、家に帰って水割りをちびりちびりとやりながら、ペンを持って紙に向かった。結局、完徹してやっとできたのがA4一枚だけ。翌朝、彼に渡した。

そこから一四年の進化。本が一冊出せるほどバージョンアップした。彼のツッコミがなかったらこの本は世に出てない。大庭様様だ（現在フリープランナー）。

彼は忠実にA4一枚のマニュアルを守り、「身近な人」「そのまた知りあい」と、どんどん「声」を集め、ブレストを重ね、仮説をかためていった。

そして、「もうそろそろいいだろう」と、①の共通質問項目をかためた。

十数問あったと思うけれど、大ショックだったのは一問目である。

「過去一年間に、国内旅行は何回行きましたか？」という質問だった。

市場調査と「身近ヒアリング」で、ほぼ全員が最低一回行ってるのは確認ずみ。だから二問目以降の「どこへ」「誰と」「いくらで」…、とくに「どう思いましたか」の方が本題だったのである。

初日。「年・性・層」を手分けしてメンバーが散る。夜、全員戻っての報告会。

「国内旅行は一度もしてません。みんな三〇代のサラリーマンです」

「学生六人に会いましたけど、全員ゼロ回でした」

若者からご年配までどの層もどの層も、一問目は「ゼロ」回答ばかり。

「そんなはずないだろ。聞き方悪いんじゃないか」

二日目。相手にあわせて「スキー」や「温泉」などの具体例で聞くことに修正。そして夜。

「国内旅行の質問にはゼロ回だけど、ペンション一回、沖縄・北海道、各一回ですって」

「こいつすごいっすよ。スキー一三回だって。国内旅行はゼロって言ってますけどね」

前夜のショックが歓喜に変わる。しかし「国内旅行ゼロ」っていうのはいったい何なんだ。

三日目。新たに質問を加える。「国内旅行という言葉で思いつくイメージは？」

何百人も聞き終えての結果。老若男女にかかわらず三点に集約できた。
①旗を持つ人がいる。②団体でぞろぞろ歩く。③割高でお仕着せである。
「老人会か、商店街の団体旅行っていうイメージですね」

「みんなが経験した修学旅行の幼児体験の影響じゃないですか」

「『国内旅行情報』なんて名前にしちゃ、絶対ダメですね」

柔軟なアドリブ対応が、誌名、編集方針、中身の各論も決定づけてしまう大発見につながった。

こうして、「国内旅行」という言葉はどこにも一切使わないことにした。かわりに、「日本を予約する」という抜群のフレーズを誕生させることができた。

7 「5W1H」で相づちを打つ——究極のヒアリング法

◆産業カウンセラーが教えてくれた「理論」

「よろしければ同席させていただけませんか」

ある日、プロの産業カウンセラーが訪ねてきて、そんなことを言う。

「お噂をお聞きしまして…、ぜひ私も勉強をさせていただきたいなあ、と」

「そんな、アマチュアですよ、私は」

結局お引き受けするはめに。「ツーショットが原則なので透明人間のように」とお願いした。数人のヒアリングを終え、同じ喫茶店で雑談をする。やおら、こんな問題を出された。

「もし『私はブスなんです』と泣きじゃくる女性が前に座ったら、何て言います？」

「ホントにブスなんですよね。『きれいですよ』なんて言ったらよけい泣いちゃうしなあ…」

「うんうん、さすがですねえ…」

「何なんですか。人をおもちゃにしないでくださいよ。わかりません」

「三番目の方に使ってたじゃないですか。ビックリしました。どこで習ったんですか」

そんなこと言われても覚えてない。こちとら単なる叩き上げの「体験派」だもん。

「5W1Hで相づちを打たれていたじゃないですか。あれですよ」

彼は滔々《とうとう》と理論を語った。思いこみの激しいクライアント（依頼主）に使う手法であること。「ブスかどうか」は問題にせず、本人の「主張」を丸ごと受けとめること。質問でも意見交換でもなく、あくまでも相づちであること。「アクティブ・リスニング法」ということ。

「へー、そんな理論があったんですかー、こっちがビックリしちゃいますよ」

きちんと理論づけてもらうと、これまで本能でやってきたことも「なるほど」と思い返せる。

「どうしてブスなんて言うの？」

「だって、みんなが言うから…」

「誰がそんなこと言うの？」

「Aさんも、Bさんも、Cさんも…」

「いつ頃から？」

真正面から受けとめて、5W1Hの相づちを打ち続ける。三〇分くらい続けることができれば、涙も怒りも消えていく。でも気をつけないと、急にニコニコされて、異様に好かれてしまう。

「そうですよ、プロは絶対にプライベートの時間と空間は使いません。気をつけて！」

産業カウンセラーがそう言う。そうだったのか。これまで送り手側との対応によく使ってきた。

「だいたいこんなぶ厚い雑誌じゃ、海外旅行のよさなんて伝わらない」

「はあ…、〇〇さんはどんなお考えを…」「いつ頃からそういうお考えになられたんですか」

たとえば旅行会社の頑固《がんこ》社長との会話である。

「お前のとこはなってない」「〇〇はどうしてくれる」「弁償しろ」「だいたいだなあ……」

経済の話。政治の話。教育観。人生観。尊敬する人物。プロ野球のご贔屓《ひいき》チーム。

とても逆らえないので、必死に「5W1H」のボールを投げ返してきた。

「事実ヒアリング」の時とはまったく逆なんだなあということにも気づいた。あちらは刑事の尋問。「5W1H」を質問のボールとして投げる。こちらはあくまでも相づちのボールである。

産業カウンセラーのおかげで、少し賢くなったような気がした。

◆相手の頑固な「主張」を徹底的に吸収する

創刊するとマスコミ各社から取材が来る。新商品発売に広報戦略は必要不可欠。

新聞・雑誌・テレビ・ラジオ・業界紙誌…。「歩く宣伝塔」などと言いながら、ありとあらゆるメディアの取材を受けてきた。ところが、時々不思議な人が現れる。

「どういう意図で創刊されたんですか？」「方針は？」「将来構想は？」

市場の現状を語る。抽出した課題に触れる。だからこんな特徴を用意したんです。将来はこんな夢を持っていますよ、と。まさに開発の段取りをそのまま語る。

しかし答え始めたとたんに、反論が始まるのである。

「そうかなあ？　私が思うに市場は…」「逆な意見の評論家もいますよねえ」

若い頃は「カッ！」と頭に血がのぼった。どんなに苦労してつくったと思ってんだ。そのままディベートに突入してしまったこともある。あるいはよく扱ってもらいたい一心で、グッと歯をくいしばる。テーブルの下で拳を握りしめる。

そんな夜はやけ酒となる。

いつの頃からか割り切れるようになった。「これもヒアリングと思えばいいじゃないか」と。「取材しに来たくせに意見言いやがって」などと思うから腹が立つのだった。

「なるほど。いつ頃からそんなふうに思われたんですか？」

「評論家ってどなたのことですか？」

「市場というのはどの辺の範囲を？」

記者は得意そうに語り始める。どんどん5W1Hの相づちを打つ。

「いつ」「どこで」「誰が」「何を」「どうして」「どのように」

あくまでも相手の「主張」に寄りそっていく相づち。徹底的に相手の「主張」を吸収してしまう。ず～っと相づちを打っていると、そのうち我に返る。顔を赤らめたり、ばつの悪い顔になる。

「あ、すいません、逆になっちゃいましたね」

カウンセラーに理論武装してもらってからは、さらに自覚して使えるようになった。

8 「炭坑のカナリア」に出会ったらトコトンつきあう

◆「もしかしたら私はこう思っているのかもしれません…」

一九九五年五月一六日。テレビを見ていた。上九一色村。オウムへの初の強制捜査日。

「きっと持ってる、絶対持ってるぞ、ほらやっぱり」

機動隊員が鳥かごを持っているに違いないと、一人で画面に向かって叫んでいた。案の定、先頭の機動隊員の手には長い棒。その先に鳥かご。あれはきっとカナリアに違いない。

アメリカの作家のエッセイの中に「炭坑のカナリア」というフレーズが出てきた。そこで初めて知った。最初の縦穴を掘る時に使われるということ。炭坑夫の手に長いロープと鳥かごが吊るされる。毒ガスがあれば人間より先にカナリアが倒れる。毒ガス探知機というわけだ。

「炭坑のカナリア」のように世の中の毒ガスを誰よりも早く察知したい。そんな決意表明がエッセイの趣旨だった。それを作家として世界に伝えたいんだ、と。

「まるで同じじゃないか」

読んだ時、すぐにそう思った。毒ガスは「不」のつく日本語じゃないか。カナリアは一人ひとりの敏感な消費者。「炭坑のカナリア」に出会うために毎日人に会ってきたんだなあ、と。

アメリカの作家ほど高邁《こうまい》な思想ではないにしても、毒がきつければきついほど、それを排除する商品は世の中に貢献できる。喜ばれる。

とはいえ、「炭坑のカナリア」には実はなかなか出会えない。よほどのことがないと人はホンネを語らない。もっと言えば、本人さえホンネを自覚していない場合が多い。

「どうしてA社の缶ジュースはお嫌いなんですか？」

「突然そんなこと聞かれたって困るよ。考えたことなんかない。う〜ん、どうしてだろうなあ」

そんなやりとりが現実の流れ。そこから先は一緒にカナリアになって手をそえていくしかない。

「これこれだから…」「あれが嫌だから」。そんな即答はかえって参考にならない。

「もしかしたら、私はこう思っているのかもしれません…」

小さな声で自信なさげにぽつりぽつりと…。そんなやりとりが、毒ガス探知がうまくいっている、繊細な兆候だ。

◆「炭坑のカナリア」が明日のヒントを教えてくれる

エッセイを読んで以来、「これは使える」とあちこちで使ってきた。

「おい、みんな、オレたちはなあ、炭坑のカナリアと出会う仕事をしてるんだぞ」

「はあ〜？　なんすか、それ」

ウケは悪かったが、思いをイチから話せば賛同してくれた。そして、「いいカナリアさんに出会ったらトコトンつきあおうぜ」が合言葉のようになった。

「知らない人」のヒアリングは、それまで一回お会いしたらそれっきりだった。「炭坑のカナリア」を知って以来、「この人は…」と思ったら二度も三度も会うようになった。

分析してしまうのは気がひけるけれど、こんなふうになる。

①ふだんちゃんと生活している。真面目に消費者をやっている。
②考えて選んでいる。買っている。判断・選択・決定している。
③買ったあとの「快」「不快」をちゃんと感じている。その感情に忠実である。
④それを明確に表現できる。言葉で。表情で。ジェスチャーで。時には図解で。
もうここまでで十分理想的な「炭坑のカナリア」だ。だけどさらにすごい人も現れる。
⑤毒ガスを裏返して、対策、解決策、代案まで言ってくれる。
もうどちらが送り手だかわからない。そんな「カナリアの王様」には、これまでに三人お会いした。トコトンおつきあいさせていただいた。

一枚の名刺、一つの電話番号だけのおつきあいから、「知らない人」が「親しい人」に変わる。「旅行」を聞いただけの人も、「本」でも「音楽」でも「クーポン」でもお世話になった。

そして、カナリアの「声」が商品に反映され、世の中に出ていく。

商品や事業というものは、既存であれ新規であれ、つねに「炭坑のカナリア」をめざし続けなければならないんだと思う。

4章　ひたすらブレストをくり返す

1 「夢」「誰」「何」――ブレストの目的をはっきりさせる

◆第一回目のブレストはかならず「夢」から始める

ブレーン・ストーミング。ブレスト。脳の嵐。ものすごく重要な技術だ。ブレストは、うまいかヘタで天と地の開きが出てしまう。ちゃんとマスターすれば、これほど簡単で低コストのものはない。ほんの数人が集まるだけでいいんだから。

まずブレストの目的をはっきりさせたい。何のためにやるものなのか。ブレストは単なる手法だ。アイデア出しの道具であり、発想の手段。ソフトというカタチのないものの生産手段である。手段には目的がある。じゃあどんなアイデアを生産すればいいのか。何のためにアイデアを出せばいいのか。どこに向かって発想すればいいのか。

ブレストは、四つの目的に向かっていくものだ。

1　どんな夢を実現するのか――「夢は？」
2　誰に提供するのか――「誰に？」

3　何を提供するのか――――「何を？」
4　どんなカタチにするのか――「カタチは？」

脳ミソの四大目的。あまりはっきり言われてこなかったと思う。目的のないブレスト、ブレストのためのブレストは、ただ楽しいだけ。ストレス解消にしかならない。

最初の頃はわからなかった。創刊をくり返してやっと見えてきた。優先順位もこの並び順がいいとわかった。「カタチ＝商品」は最後の最後である。まだまだ商品はあわてちゃダメだ。

最初の三つをかためないと、商品には進めない。

まずは「夢」「誰」「何」の三つに集中する。これがブレストの前半モード。

かためてからやっと「カタチ」のブレストに進む。これがブレストの後半モード。

第一回目のブレストは、かならず「夢」からスタートする。

◆初日からヒアリングとブレストを始める

今日がプロジェクトの初日だとする。

すぐ二つの作業にとりかかる。ヒアリングのアポ。ブレスト会議の招集。

「好きな人」に次々とアポをとる。親友、恋人、家族、仲良し…。先々のスケジュールに、「苦手な人」も「ふつうの知りあい」もどんどん入れておく。2章で細かくのべた順番で。

同時にブレストの予定も入れる。メンバーを選び、適当な日程で数回分を押さえてしまう。

1章でのべた日頃の行動は、すべてこの日のためだったのである。自分の準備運動は万全。練習相手もリストアップしてある。いつでもアポがとれるっていう状態だ。

いつもプロジェクトは二名からスタートした。スタート時の最適人数だと思っている。

「たった二名から？」と驚く人もいるけど、実は大勢のヒアリング相手と、日頃から目をつけているブレスト要員がいる。みんな味方だ。だからプロジェクト自体は二名で十分。常駐人数をふやすのは、「夢」や「誰」や「何」がかたまってからでいい。もっとずっとあとのことだ。

ちなみに松永真理は、いつでもヒアリング対象者だし、ブレスト要員でもある。

こうしてあちこちのブレスト要員に招集をかけて、第一回目のブレストを開く。

「このX事業によって、世のため人のためにどんな夢を実現するか」

全員の脳ミソをフル回転させて、会場に「夢」の嵐を巻き起こす。あらかじめそれなりのテーマが決まっていれば、「X」に代入する。「夢」を追い求めることに変わりはない。

来年の年賀状のブレストだったら、

「この年賀状でどんな夢を実現するか」

「みんなの元日を笑顔の幸せな一日にしてしまおう」

倉田商店の缶ジュースの商品改良であれば、

「この新商品でどんな夢を実現するか」

「飲むっていうより味わう…、いや、感動が体に充満するような…」

全員が、大きく、広く、深く、数も多く。「夢」を出して、出して、出しまくる。

◆螺旋《らせん》階段を「夢」↓「誰」↓「何」と上っていく

ブレストで飛び出した発言はヒアリングに影響を与える。ヒアリングで聞いた「声」は次のブレストに影響を与える。ヒアリング↓ブレスト↓ヒアリング…と何度も往復運動をくり返す。

どんな「夢」なのか。その「夢」は「誰」のものなのか。「何」を提供するから実現できるのか。「夢」↓「誰」↓「何」と、まるで螺旋階段のように上へ、上へと、上っていく。

「夢は？」だけのブレストから、次の回は「誰に？」も加えたブレストに。さらに

「何を？」も加えたものへ。何回も何回もブレストをくり返す。だんだんに「夢」と「誰」と「何」の輪郭が見えてくる。それに並行して、ヒアリングは「ふつうの知りあい」に移っていく。

絵空事でも大ぼらでもいいから言い放つ。それがブレストの真骨頂。一方ヒアリングは、目の前に人がいる。生きて生活をしている。ブレストで好き勝手にしゃべった「夢」や「誰」や「何」が、一人ひとりの生きているリアルな現実で裏打ちされていく。

そろそろ「夢」「誰」「何」の三つがかたまりそうになってきたら、ブレスト前半モードの第四コーナー。

そこまできたら、ヒアリングは「知らない人」へと移っていく。

「誰」を相手にするのか大体かためたので、その層に絞ってヒアリングする。「何」を提供するのかも大体かためた。

だから質問内容もそれにあわせて絞りこむ。――「深掘り」。

とはいえまだ「大体」である。ブレストはあくまでも勝手な仮説。ヒアリングは世の中で生きている人の現実。

質問も現実にあわせてフレキシブルに変化させる。――「アドリブ」。

ブレスト後半モードに進んでいくためにも、さらにしつこく「不」を聞き出す。「不のつく日本語」こそ前半と後半のつなぎ役。コアとなる素材だ。集めてきた「不」を特定する。それは市場の課題である。課題はやさしい言葉にまとめる。

そして、それを裏返す。たとえば不満は満足に。不安は安心に。不快は快感に。

ここまでブレストとヒアリングを重ねてくることができたら、「誰に、何を提供して、どんな夢を実現するのか」一つのセンテンスが完成する。商品やサービスのめざす方向がくっきりと浮き彫りになる。

これでブレストも、やっと後半モードに進める。いよいよ「カタチ」のブレストに移っていける。ここからやっと商品を考える。

2　「ふだんの会議」と180度違うスタンス

◆なかなか守れない四つのルール

初めてのブレストは確か二一歳。これまでにおそらく何千回という単位でやってきた。

アメリカのアレックス・F・オズボーンという人がつくった手法。BBDOという広告会社の創業者だったとか。広告企画に頭を悩ませながら思いついたんだろう、きっと。

一四の起業はすべてブレストのおかげ。創刊だけじゃなく、日々のアイデアも、既存商品の改良も、組織戦略も、ブレストは何にでも使える。オズボーンさん大感謝である。

昔、『現代用語の基礎知識』で調べたことがある。四つのルールが載っていた。

①批判厳禁／絶対に他人の発言を否定しない。
②自由奔放／馬鹿げた発言ほどいい。
③質より量／全員なるべく多く発言する。
④他人便乗／ひとの発言にどんどん上乗せしていく。

あらためてネット検索したら諸説紛々である。ルールの数もいろいろ。だけど学説なんかに興味はない。右の四つで十分使える。実は一つのルールでもいいんじゃないかとも思っている。

「全員が自由にただただ発言しまくる」

だけどなかなかこれが守れない。「何でだろう」とずっと考えてきた。「ふだんの会議の癖がカラダに染みついてるからなんじゃないか」と思うようになった。

ブレストはふだんの会議と百八十度違う。そう肝に銘じるのが上達の早道だと思う。

ふだんの会議では、「否定語」がいちばん強力な武器だ。

「違うんじゃないかな、それ」

資料は適切か。数字にヌケは。検討ポイントはもうないか。判断は間違いないか。上下左右、隅から隅まで叩きまくるのが、求められるスタンス。最後には「全員賛成」となる案件でも、プロセスは「否定」「否定」「否定」だ。だからこそいい結論が出せる。

ふだんの会議の目的は「決裁」である。決裁には、上下のピラミッド階層と権限が欠かせない。

一方、ブレストは何も決めない。決めちゃいけないのである。判断はナシ。何でもOK。言いたい放題。だから「ノー」は厳禁。「イエス」だけとなる。

判断の「イエス」じゃない。どうぞご自由にの「イエス」。お好きに、気ままに、ご勝手に。

どうしても否定したくなったら、まったく関係ない話題に変える。とんでもない方向に飛んでいく。飛べば飛ぶほどいいブレストだ。

全員が全員で「自由」をめざす。年齢・性別は不問だ。もちろん職階も職級も関係ない。

偉い人（あるいは偉そうにしたい人）は、よほど気をつけないといけない。

◆司会ナシ・書記ナシ・四〜七人・録音テープ・ホワイトボード

ある会社のブレストに招かれた。アドバイスを求められた。冒頭に社長が挨拶をする。

「いいですね皆さん、今日は無礼講ということで、全員自由に……」

「あ、ちょっとすいません、社長のスピーチで全員がかたまっちゃってますよ」

とっさに思いつき、社長のかわりにいちばん下っ端のメンバーに挨拶をしてもらった。みんなゲラゲラ笑い出し、やっといいスタートになった。

司会なんかいらないのである。書記もナシ。挨拶も不要だし、リーダーもいらない。

逆に下の人間は畏縮《いしゅく》しないこと。全員平等である。同期同士とか仲良し同士で隅に座ったりしない。ふだんの会議の席順はまったく無視する。いつもとはガラッと変える。机をどけて床に座るのもいい。ブレストの予定がわかっていれば女性はそのつもりの服装で参加する。

ワイシャツを脱いでTシャツ一枚になってもいいし、ネクタイを頭に巻いてもいい。私服に着替えるのも効果的。

自分が自由になれて他人も許せば、すべて何でもOK。

食べ物、飲み物何でもあり。ただし一人でも嫌がるものはダメ。BGMの有無。小道具。持ち込むもの。すべて「個と公」の自由のバランスが尺度である。

「自由とは何か」という修練のようなもんだ。

かならず用意するのは二つだけ。録音テープとホワイトボード。

録音テープは書記がわり。なるべく長時間分のテープを用意して、そばの人間が勝手に交換する（当時はアナログだけ。今は便利なデジタル製品がたくさんある）。

ホワイトボードは書きたい者が好きに使う。出しまくるのは「発言」だけじゃない。書き文字でもいいし、絵でも、数字でも、記号でも、図解でもいい。

ホワイトボードを用意できない会場だったら、模造紙を何枚か壁に貼って、それに書く。

◆慣れないスタートは順番に一言ずつ――「テーマと私」

慣れないメンバーばかりだと、なかなかスタートできない。誰も口火が切れない。これもふだんの会議の影響だと思う。「減点されないように」っていうのがいつものスタンスだろう。

そんな時は一人ずつ順番にしゃべる。当該テーマに自分をからめる。「○○と私」というテーマ。

「年賀状と私」「缶コーヒーとオレ」「パソコンと僕」「私の住んでる町」……。「個人的体験」や「個人的感想」。なるべくホンネを出す。遠慮してたらいつまでたっても嵐にならない。ずばずば出す。ためらわず、気おくれせず、恥ずかしがらず。ウケを狙うくらいでちょうどいい。笑いが起こった方がいい。空気がなごんで、脳ミソの嵐が近づいてくる。

聞いている人はどんどん相づちを打つ。演技でもいいから心をこめる。大げさに。一周しても雰囲気がほぐれなければ二周目。なるべく早く順番無視で発言するのが望ましい。それを全員で心がける。早く場を乱さなくてはならない。

そして、どんな馬鹿げたことでも発言する。しかし、馬鹿になるっていうのは結構むずかしい。

3 「小学四年の放課後」を思い出しながら

◆「あのさ、あのさ～」「ボクってさ～」「～そうなんでちゅ」

ブレストにはたくさんの専門家がいる。細かい段取りやスキルもたくさん言語化されてる。私の取り柄は体験量だけ。だから実践に即したものに絞る。すぐに使えるように。いつでも使えるように。

「お前、いつも放課後のチャイム鳴ると、顔変わるなあ」

小学校時代によくそう言われた。急いでトイレの鏡で見てもいつもと同じ顔。今思えば、授業中のつまらなそうな顔を鏡で見てないんだから、くらべようもなかったわけだ。

ブレストに慣れていくうちに、「小学校時代がポイントだな」と思った。ブレストの理想状態の雰囲気が子供時代にソックリなのである。とくに小学三年から五年にかけての雰囲気。まだ幼い一年、二年でもない。最上級生で中学が気になりだす六年でもない。

私の場合は小学四年がぴったりのイメージ。参加者それぞれが、いちばん自由で馬鹿げた言動をしていた頃を思い出す。中学時代でも、高校時代でも全然かまわない。

放課後のチャイムが鳴る。

「おい、ドッジボールやろうぜ」

「オレ、鉄棒がいい」

「駄菓子屋でメンコ買いたいなあ」

「川、行こうぜ」

まったく好き勝手な発言。相手のことは否定しない。心おきなくしゃべり、うなずき、笑い、またしゃべる。まさにブレストだ。だからこそ次から次に新しい遊びが生み出せたんだと思う。

ブレストは予測不能である。ノる、ノらない、その日どうなるかはやってみないとわからない。Jリーグの一試合一試合のようでもあり、ジャズのアドリブ・セッションのようでもある。

「どうも今日は調子が出ないなあ」と思ったら、すかさず小学四年の放課後を思い出す。

「あのさ、あのさ〜」などと切り出してみる。「ボクってさあ〜」などとも言ってみる。まわりはニヤニヤ。「ワタシもそう思いまちゅ〜」とあわせてくれる人がいる。

いい感じになっていく。

通勤電車の流れる景色に身をゆだねながら、「小学校の遠足に行くんだ」と思いこむようにしだしたのも、実はその頃からである。

あまりにもブレストがうまくいきすぎると、日常業務に支障をきたすこともある。すぐ直後にチョー真面目な決裁会議があった時のこと。そこに突然、小学生が降りてきてしまった。

「江副さん、ボク、B案はやだな～、ぜったいにA案でいきたいんでちゅ～」

「なんだ、君は、何を言ってるんだ！」

◆覚醒剤はきっとブレストにぴったりのはず

「酒飲みながらやってもいいんですよね？」

もちろんOK。全員が認めさえすれば。

ブレストのキーワードは「自由」。そして自分を「開放」すること。全員「平等」。他人には「博愛」。まるで独立宣言だ。ブレストはトマス・ジェファーソンだったのである。

「独立宣言苦手派」は酒を入れたがる傾向がある。

自由になれない。さらけ出すのはどうも。青二才と一緒なんて嫌だ。タテマエが出てしまう。

知識や経験が豊富で権限を持っている人、偉い人に多い。どんなに年が若くても権威や出世が気になる人、偉く思われたい人は、やはりブレストが苦手だ。

こういう人に酒は有効。アルコールが固い殻を破って、素顔やホンネを外に出してくれる。

だけど、酒量を間違えるとあぶない。医学的なことはよく知らないけど、アルコールは脳ミソを麻痺させるんじゃないかと思う。強引な「開放」。最近身についたことから麻痺していき、だんだん幼児期に退行していく。まさに小学校時代に戻っていく。そして酒乱へと。

「何言ってんだよ、さっきから。ルールだと思って我慢してりゃいい気になりやがって」

「ま、ま」などと取りなしながら、ブレストはお開きとなってしまう。

子供時代といっても、ホントに子供になることじゃない。大人のまま子供になること。あくまでも脳ミソの中の作業だ。俳優の役づくりに似ているのかもしれない。

ピカソの絵が、子供の絵と似ているようで実は違うと言ったらいいのか。う〜ん、むずかしい。おわかりいただけるでしょうか。

適度に酒を入れるのはいいけど、脳ミソを麻痺させてはダメ。覚醒していくのがブレストである。だからきっと覚醒剤がいちばんぴったりなんじゃないかと思う。ま、違法ですけどね。

覚醒剤は使わないまでも、とにかく子供のようにしゃべり、どんどん相づちを打っていく。

うまい相づちがお互いをノせる。背中を押す。気持ちよくなる。ふざけた発言をあと押しする。

4「いいね」「すごい」「さすが」「なるほど」…

◆名カメラマンのように褒めまくる

カメラマンの撮影に立ち会うと、名カメラマンほど褒めるのがうまい。

「そのポーズ、いいねえ。もう一回ちょうだい」

「あ、そうそう、いっぺん下向いて、そう、顔上げて…、いいなあ、きれいだなあ」

カメラマンの後ろから見ていると、モデルの顔が刻々と変わっていく。「いいねえ」と言われたらいい顔に。「きれいだねえ」で、ホントにきれいに。まるで言葉の魔法だ。

ブレストを盛り上げるコツは、ポジティブな相づちをたくさん打つこと。「初めてのブレスト」っていうメンバーには、いつもそれだけをアドバイスする。まず相づちからマスターする。

「小学校時代を思い出せ」なんてまだ通じない。「馬鹿げた発言」なんかできなくてもいい。どうせそのうちできるようになる。とにかく「イエス」モードで突っ走る。走り続けていけば、「イエス」の延長戦上に、褒め言葉の相づちがどんどん出せるようになってくる。

褒められたら誰だって嬉しい。名カメラマンに褒められたモデルのように、メンバーの顔も刻々と変わっていく。

もっと変なこと言ってやれ。もっと馬鹿馬鹿しいこと言っちゃえ。全員エスカレートしていく。

「うんうん」「それでそれで」「いいねえ」「すごい」「さすが」「なるほどね」「エエ話やなあ」「わかるわかる」「やる〜」「お見事」「うらやましいね〜」「ご立派」「そりゃすごい」「あやかりたいわ」「ほお、そうきますか」「心あたたまるわ」「イエ〜イ」「よっしゃ」「確かにね」「あるある」「いいぞいいぞ」「大賛成」「さすが○○さん」

「やるときゃやるね」「ほほ笑ましい」「すてきすてき」

どんなにたいした発言ではなくとも思いきり褒めてしまう。テニスの試合のように褒め言葉を打ち返す。リズムよく右、左、右、左と気持ちよくラリーが続いていくと、たいしたことのなかった発言が、どんどん壮大なものに変わっていく。

◆相手に褒められ、相手を褒めて

「旅はたんなる旅じゃないっていう方にお会いしたんです」（小さい声）
「うんうん、面白いね～」
「何日も過ごすんだから、人生の一部だっておっしゃるわけですよ」（ふつうの声）
「なるほど～、人生の一部か、そりゃそうだ。それでそれで」
「僕もなるほどなあと納得したわけですよ」（大きい声になっていく）
「たとえば六日間のハワイツアーは、ワイキキ人生だっちゅうわけだな」
「そうなんっすよ～。いい人生づくりのお手伝いしたいな～、なんて」（目玉キラキラ）
「いい言葉だねえ。人生づくりのお手伝い。お前考えたのかよ、さすが～」
「それでですね。全世界の人間があちこちで人生を営んでるわけですよ」（ジェスチ

ャーもまじえて)
「みんなあっちこっちに海外旅行をしてるってことだよな、わかるわかる」
「そういう人をどんどんふやしていけば、戦争起こせないじゃないですか」(すごい大声)
「国民の半分が相手国に行ってたら、そりゃ核爆弾も落とせない、うんうん」
「つまりですね。国連よりすっげえ仕事やってるんですよ、僕ら」(うっすら涙目)
ホントにあったブレストである。実際は全員応酬のもっともっと大騒ぎだった。
大げさすぎていい。大げさの方がなおいい。笑われてもいい。とくに笑いは大歓迎。笑いはブレストの特効薬だ。ゲラゲラ笑っていると、脳ミソのたががどんどんゆるんでいく。
誰が何を発言したってかまわないんだという空気がみなぎっていく。
こうして「世界平和に貢献する商品をつくる」という壮大な「夢」が姿を現す。
とにかく褒め言葉を連発する。褒め言葉が「自由」「平等」「博愛」を実現する。

5 「また〜」「そんな」「まさか」「違う」「ウソつけ」…

◆ブレストがディベートに変わってしまう瞬間

「絶対に他人を否定しない」——一人でも破ればおじゃんだ。

せっかく思いきって馬鹿げた発言をした人に、

「よく言うよ」

間髪をいれずにそんな爆弾が投げられる。

——ああそうかい、二度と発言するもんか。

これで一人死亡。「二度と発言しない」っていうのはブレストでは死んだも同然。

「しまった」と思っている殺人者が一名。計二名脱落。二名も脱落したらもうあとが続かない。

部屋に爆煙がただよう。気まずい空気が流れる。他のメンバーにも影響しないわけがない。

代表的な否定爆弾をあげてみる。どれも強力な殺傷能力を持つ。すべてタブー語だ。

「え～」「また～」「何？」「違う」「まさか」「そんな」「やだね」「ウソつけ」「変だよ」「よく言うよ」「やめろ」「ふざけてる」「そりゃないよ」「アホちゃうか」「おかしいよ」「んなこと言って」「馬鹿げてる」「そうかなあ」「もういいよ」「何言ってんだよ」「聞いたことない」「信じらんない」「そうは思わない」「んなわけない」「いいかげんにしろよ」「ナンセンス…」「異議あり！」…。

「ナンセンス…」と「異議あり！」は、団塊世代の方がよく使う。なかでも学生運動の経験者はすごく否定が多い。つばを飛ばしながら熱く語るのが特徴だ。

「お前ら勉強が足んないんだよ。いいか、歴史をさかのぼればだな～（延々と続く）」

そこから先はディベートに早変わり。もう収拾がつかない。

◆鼻息、舌打ち、流し目、眉間のしわ、斜にかまえる…

年が若くなると、もっと白けた否定爆弾を持っている。

「べつに」「それで」「じゃなくて～」「だいたいさ～」「どうでもいいよ」「だから何だってっの」

どれも相当な破壊力。確信犯でもある。しかし自覚はなさそうなのにすごい強力兵器もある。

「ってゆうかー」(女性)

「っつうか…」(男性)

さらには、ごくごく最近の新型秘密兵器。

「ビミョー(微妙)」

この一言ですべての発言が木っ端みじんである。すぐにブレストを中止して解散した方がいい。

人を殺すのは言葉だけじゃない。しぐさも武器だ。ルール厳守ばかり考えてると出てきてしまう。

「言わないようにしよう、言わないようにしよう」と思いこみすぎて、知らないうちに眉間《みけん》にしわが寄ってくる。腕組みをしてしまう。むずかしい顔になる。鬼。般若《はんにゃ》。魔女。大魔人のような顔。

「べつに怒ってるわけじゃないですよ。生まれつきの顔です。ひどいなあ」

「ごめん、ごめん。なるべく歯を見せといてくれないかなあ。笑ってるみたいに…」

爆弾というよりは空気感染の生物兵器。じわじわと会場を汚染していく。

さげすんだ流し目。にらみつけるガン飛ばし。斜にかまえた姿勢。うつむきっぱなし。ロダンの考える人。まったくの無表情。フンと鼻で笑う。いかにもアホらしいというため息。フ〜。

そして、もっとも強力な最終秘密兵器「チッ」という舌打ち。

たった一つの舌打ちが、明日の一億、一〇億、一〇〇億、一〇〇〇億を粉々に吹きとばしてしまうのである。

6　ラブホテルでブレストをしてしまう

◆ラブホテルのブレストが五〇〇億円強を生み出した

一九八二年冬。湯島のラブホテルで初めてブレストをした。

「そうか、渋谷と違って、ずいぶんご年配が頑張ってるなあ」

休憩時間に窓から下を見る。出たり入ったりするカップルにそんな感想をもらす。

「あの二人見ろよ。女は二〇代ぐらいなのに男はどう見たって六〇代だぜ、元気あるよなあ」

「バカ、大声出すなよ、聞こえるじゃないか。そろそろブレストやろうぜ」

ご年配の元気が伝染してしまったのか、再開したブレストはすぐに異様な興奮状態に突入。即座に大嵐となった。休憩してはラブホテル談議。そしてまた再開。延々とエネルギーが持続した。

それからというもの、味をしめて一〇回以上は使ったと思う。いつも最高のブレストとなった。

ある時、いつものとおり絶好調のブレストで盛り上がっていた。

「私は…じゃないかと思うんですけど…」(突然ピタッと話を止める)

「ン、どうした、すごくいい話じゃん、もっと聞かせてくれよ」

「あ、あ、あの、あそこ、なんか、ゾロゾロ動いてますよ」

「キャーッ！　シロアリがいっぱい出てきてる〜、やだ〜！」

柱の脇からホントにシロアリが。全員、叫び、逃げまどい、笑いころげる。とどまることを知らぬ行列。ものすごい数の大軍だ。ブレストの車座の中央を悠然と突っ切って進んで行く。会場はパニック状態。一人の女性が、部屋の隅で恐怖の表情を浮かべてぶるぶると震えている。

大騒ぎのハプニングだった。だけど、ブレストにとっては願ってもない事件。嫌でも脳ミソが揺さぶられてしまう。ふたたび始めたブレストが最高の出来になったのはいうまでもない。

「フロム・エー」「エイビーロード」「じゃらん」

この三つのメディアは、湯島のラブホテルで産湯につかり、誕生し、育ったのである。

二〇〇六年三月現在、三事業の総売上高は五〇〇億円をこえている。湯島のラブホテルさんには、お中元か何か贈らなくちゃいけないなあ。

◆「心構え」——フィールドに向かう選手。ステージに向かうミュージシャン

ブレストは最終的に売り上げ・利益を生み出す。それを忘れちゃいけない。その割に経費はきわめて安い。せいぜい外を使ったときの「場所代」だけだ。しかも湯島のラブホテルではないけれど、豪勢じゃない方がかえって良かったりする。

思いつくかぎりいろんな所でやった。あちこちの温泉旅館、ホテルのスイートルーム、平日昼間のがらがらに空いた喫茶店、なじみの焼き鳥屋の奥座敷、中華料理屋の個室の円卓…。

行き帰りのスキーバスの中、雀荘で麻雀をやりながらというのもあった。

もちろんいつも特別な場所でできるわけじゃない。いちばん多いのは、いつもの打ち合わせスペース、ふだんの会議室である。それをどう工夫するかも勝負だ。工夫しだいで非日常空間に変わる。

テーブルを斜めにする。わざと部屋の隅っこに設置。あるいは違う部屋から違う什器《じゅうき》を持ってくる。特大ポスターを貼る。ぬいぐるみをばらまく。床に車座になる。クッションも用意する…。

場所を整えたら、あとは人しだい。心構えしだいである。明日の売り上げも、明日の利益も、参加する人間の真剣度合いにかかっている。

実は仕事なのに、まるでお遊びのように。そこがブレストのむずかしいところだ。たとえば会社に泊まりこんで一睡もしていない。頭が回らない。もうすぐブレストの時間。トイレに行って顔を洗う。目が覚めない。頭から水をかぶる。ほっぺたの両側をはたく。「ヨシッ」と気合を入れる。

確かこんな映画の一場面あったなあ。

首をひねり、肩を回し、むりやりアドレナリンを出す。もう一度「ヨシッ」とかけ声をかけながらブレスト会場に向かう。

フィールドに向かう選手のような、ステージに向かうミュージシャンのような、そんな気合いと心構えが必要だ。

7 「尻とらず」──ブレストがうまくなる練習ゲーム

◆飲み屋で生まれた画期的なゲーム

東京は江古田の飲み屋。「鬼無里《きなさ》」でそのゲームは誕生した。

「尻とらずと呼ぼう」と、その場で名前も決まった。

斉藤幸夫（現メディアファクトリー編集長）と飲んでいた深夜の話。「フロム・エー」創刊直後、編集のアルバイトを四人採用した。そのうちの一人である。

採用基準は三つ。読者層と同じ「若さ」。毎晩完徹もOKな「元気」。既成概念に縛られない発想ができる「変な奴」。結果、編集経験ゼロで就職経験もない四人を採用した。

「若くて、元気で、変な奴」

知識や技術はあとからでもいい。柔軟な発想は得がたい。「変な奴」がそろって嬉しかった。

とはいえ、職場はルーチン作業で手いっぱい。彼らには「初めてのこと」「知らないこと」ばかり。せっかくの自由な思い、変な考えも、畏縮してしまって出てこない。こりゃ、まずいなあ。

職場を離れた昼メシ、喫茶店、飲み屋では、日常業務は一切忘れてゲームをすることにした。

ある日は「発想道場」。ある日は「プチ・ブレスト」。ある日は「カラオケをすべて替え歌で歌う」。ある日は、よそのテーブルの客の属性を推測する「プロファイリングごっこ」…。

そして「鬼無里《きなさ》」で、新ゲーム「尻とらず」が、思わず完成してしまった。斉藤の友人、武蔵音大生の小原栄一（現ヤマハ音楽振興会）も同席しての、三人の共作だった。

◆「論理」と「ジャンプ」の連続で左右両脳をきたえる

「尻とらず」は、その名のとおり「尻とり」とは逆。もらった言葉とはまったくかけ離れた言葉を、次々と相手にバトンタッチしていくゲームである。

一番手が、たとえば「麦わら帽子」と最初のお題を出す。

「麦わら帽子といえば、山形の野原を思い出します。高校の夏休みの時、とんぼが…」

二人目が話し始める。麦わら帽子にまつわる経験、連想、蘊蓄《うんちく》などをきちんと話す。ここでダラダラと長引くとブーイングとなる。およそ三分から五分くらいだろうか。

話のいちばん最後に、「麦わら帽子」とはまるっきりかけ離れた単語を出さないといけない。

「…したがって私は赤字国債だと思うわけです」

麦わら帽子を論理的にしゃべる。さて次はどんな言葉に飛ぼうか。理路整然としゃべりながら、同時に「赤字国債」にあたるぶっ飛んだ言葉を考える。いざやってみると、これはとてもむずかしい。論理と感性。右脳と左脳が一挙に揺さぶられるような感覚。

「赤字国債に縁がないようで実は…（三〜五分しゃべる）…、つまり濡れ甘納豆ですよ」

三人目が次の人間に「濡れ甘納豆」を渡す。

うまく飛躍できた時の快感はこたえられない。「オ〜ッ」という歓声も上がる。

論理→ジャンプ。論理→ジャンプ。…と次々にバトンタッチをしていく。

あまりにも面白いゲームなので、毎晩のように違う人間を誘ってやってみた。やっていくうちに、「ブレスト前段階のレッスンとして、抜群のゲームだな」と気づいた。

連想、思い出、エピソード。まずは知ってることを話し出してしまう練習。左脳を使ってしゃべりながら、同時に右脳を使って発想を飛ばす練習。話の最後に接続詞を使って、まったく無縁な二つの単語を強引につなげてしまう練習。右の例だと「したがって」や「つまり」が、それにあたる。

「尻とらず」がうまくなると、ブレストはどんどんうまくなっていく。

8　無意味な接続詞をうまく使うコツ

◆接続詞――ブレストを広げる拡張道具

「彼の部屋にピアス忘れちゃったのね。そしたら宅配便で送ってきたの、ひどいと思わない？」

「でさ、でさ、でさ、私の彼知ってるよね？　この前ね、私のことギュッとしてくれて…」

相手の話題はまったく無視。「でさ、でさ、でさ」で自分の話にもっていく。日常会話の中でそれがいいか悪いかは別にして、ブレストだったらとてもいい話の展開となる。

無意味な接続詞。これはすごく使える。ブレストを外へ、外へと広げていく。

「銀行っていつも閉まってるでしょ。コンビニで引き出せたらすっごく嬉しい…」「ほほ〜、そうきますか、コンビニね。じゃこんなのどうかな、保険の話なんですけど…」「こんなのどうかな」で話題は横に展開した。ちなみにコンビニATMは実現した。

接続詞はブレストの拡張道具。相手を受け流して前に進む。たとえば、こんなものがある。

「ね、ね、ね」「でさ、でさ」「じゃ、じゃ」「じゃあさ、じゃあさ」「それなら」「それから」「とにかくさ」「とにもかくにもさ」「ところでさ」「話は変わるけど」「そうきますか」「そちらがそうくるなら」「ま、そんなわけで」「なら言っちゃうけど」「そんなこと言うなら」「たとえばの話だけど」「そんじゃ思いきって」「聞いて、聞いて」「じゃこんなの言っていいかな」（一同「いいよ」）

◆録音テープは素材の宝庫。保管して共有する

ブレストを重ねるごとに、録音テープがふえていく。「夢」「誰」「何」が詰まっている。もちろん「カタチ」も。ビジョン。方針。付加価値。消費者像。ターゲット。ユーザー。商品内容。サービス内容。商品イメージ。商品の各論。買い方。売り方。使われ方。使われたあとの気持ち。さらなる夢…。

現実的なものから絵空事までいっぱい詰まっている。素材の宝庫だ。いいブレストが多ければ多いほど、素材も豊富。大風呂敷が大きければ大きいほど、いつまでも貴重なテープである。

ブレストでは何も決めない。すべて放り出してあるだけ。「夢」も「誰」も「何」も、元になる素材が転がっているだけ。あとからふだんの会議で決める。いわんや「カタチ」を決めようという時には、ホントにつくれるのか、技術はともなうのか、できる奴はいるのか…、もっともっとリアルな検証も待っている。テープはどこかに大切に保管する。誰でも聞けるようにしておく。「きのうのブレスト最高だったなあ」なんていう時には、すべてを書き起こして全員に配ったこともある。

「きのういいフレーズが飛び出しましたよね。明日のお客さんに使いたいんですけど……」

そんな営業マンもいた。まったくOKである。いいブレストは通常業務のイノベーションにも使える。

そして、いよいよ決裁という会議の資料づくりには、テープの素材は欠かせない。ただし、私自身はあまりテープを聞き返したことがない。「これで行こう」っていうものは、どれも強烈な印象が残っているからである。逆に、印象に残るくらいじゃないと決定できないとも言える。

世の中に出たあとこそが本番なのである。市場に強烈な印象を与えることができるのかどうかが、もともとの大命題である。

そして、ブレストの時には単なる「大ぼら」「大ウソ」に聞こえた発言も、テープを聞き返してみると、五年後、一〇年後、時には二〇年後さえも、驚くほど正確に予言していることがよくある。

だからこそブレストは、その瞬間、瞬間に、全員で必死に「馬鹿げた発言」を出しまくらなければならないのである。

5章　不平不満をやさしい言葉でまとめる

1　ひらがなのススメ

◆ここまでの作業はすべて「国語の仕事」

「どんな仕事も算数と国語でできてるんだなあ」

体験を積むたびにそう思うようになった。まさに「読み・書き・ソロバン」だと。

どの創刊もどの起業も、言葉で考え数字を稼ぐ。国語で企画して算数でもうける。

創刊したあとの事業運営でも同じ。年を経た既存事業の経営でもまったく変わらない。

数字が悪くなれば、商品理念や経営方針を見直さざるをえない。理念や方針は数字では語れない。つまり言葉を見直す。

数字そのものの見直しから入る場合も、何が課題となっているのかを、言葉で表現しなくてはならない。算数で課題を発見して、国語で翻訳する。

国語も算数もどちらも重要。使いこなす知恵も均等に必要。ところが本屋に入ってビジネス書を手にとると、どの本も算数の知恵しか書いてない。経営の本も、マーケティングの本も、ベンチャーの本も、国語についてはほとんど教えてくれない。

何人もの人に会い、話を聞く。報告し、意見をかわす。分析し、議論する。さらに外に話を聞きに行く。やりとりして戻る。ある時は賛同者同士で盛り上がり、ある時は反対者とつばを飛ばしあう。ブレストをし、ディベートをする。どれもこれも言葉の行為である。

日本語をどのように使って話し、聞き取り、まとめ、伝えるかというテーマだ。本書のここまでの作業はすべて国語。口と耳を使う仕事である。言葉を駆使したヒアリングとブレストを、ひたすら何度も何度もくり返してきた。まだ手は動かしていない。

「誰に何を提供して、どんな夢を実現するのか」

この文章を完成するのが国語作業の使命である。

文章が完成すれば「カタチ」に向かえる。言葉をカタチにする。やっと手を動かす。カタチにすることができれば、その先にはソロバンをはじく作業が待っている。

まず「夢」からブレストを始めた。「いったい何十年後の話だ」っていう大ぼらを吹いた。そこへ生きている現実の「グチ」がたくさん集まってくる。現実を吸収しながらも、ポジティブなブレストをくり返す。そうすると、ある日思わぬ瞬間がくる。まったく言いたい放題の「夢」とシビアな現実の「グチ」が、まるで表裏一体になる瞬間。

「このグチって、言いかえれば、オレたちが言ってる夢と同じなんじゃないか」

集まってきた数々のグチを一つの言葉にまとめる。それが「市場の課題」である。

◆「市場の課題」を裏返せば、それが「夢」となる

会議での話し言葉でも、報告書での書き言葉でも、見て、聞いて、仕事が順調に進んでいるかどうかがわかるモノサシが、経験上たった一つだけある。

ふつうの言葉が使われているかどうか。

聞いたこともないむずかしい熟語。しゃれたカタカナ用語。そんなものが散乱していたら、

「あ、これはうまくいってないな」と思っていい。

たとえば「腹へった」ですむことを、

「空腹感の蔓延《まんえん》」と言ったり、

「ハングリー時のカオスとオートポイエーシスの関係」と書いてみたり…。

なんじゃこりゃ。真似して書いてるだけでも恥ずかしくなる。笑っちゃうよね。

ところがいざ会議だ報告書だとなると、ついむずかしい専門用語を使ってしまう。しゃれたカタカナに救いを求めてしまう。そんなことってありませんか。

ずらずら並ぶ漢字の熟語は鎧《よろい》に似てる。おしゃれなカタカナは流行のファッションみたいだ。

防御の言葉であり、虚勢の言葉である。じゃ、いったい誰に向かって防御しているのか。誰に向かって虚勢を張っているのか。

報告する相手。説得したい相手。同僚や上司に対しての言葉だろう。

つまりきわめて内向きな日本語の行為だ。そんな言葉からは市場の生きた現実は見えてこない。

そんな言葉からスタートする商品づくりがうまくいくはずがない。

それが「あ、うまくいってないな」の中身だ。

◆「グチ」を特定できれば、「夢」「誰」「何」も決まる

ここに本当に腹のへった人がいる。なんか苦しそうな表情をしてる。誰かが聞く。

「どうしたの？」

ああ、嬉しい。やっと気持ちを聞いてもらえた。それじゃあ伝えよう。

「腹がすいてすいてたまらない」

「じゃ、これ食べれば…」

ぱくぱく。ふー、うまい。解決。

「どうしたの?」にあたるのがヒアリング、マーケティングだ。

「じゃ、これ」にあたるのが商品またはサービス。

「ふー、うまい」が顧客満足。夢の実現。

こんなふうにうまくいけば大成功である。

ところが、ここでいちばんむずかしいのが「腹がすいてすいてたまらない」にあたる言葉。

「市場の課題」の特定である。消費者が「腹へった」とはっきり自覚していることはまずない。言葉で表現できる人はもっと少ない。だからこそヒアリングをくり返してきた。

ちゃんと特定しないと、飲み物しか差し出せなかったり、「腹が痛い」と勘違いして胃薬を渡してしまったりする。相手は「腹がへってたまらない」というのに。

課題を特定して、ふつうの言葉でまとめる。それができるかどうかに勝負の分かれ目がある。

漢字やカタカナに逃げちゃダメだ。ふだんの言葉、ひらがなの多い文章がいい。

2　「属性」で商売できたら誰でも成功社長になれる

◆ブレストを「夢」から始めた理由《わけ》

なぜ「夢」からブレストを始めるのか説明していなかった。

「誰」や「何」から始めた方がよっぽど楽なのに。

「結婚式場っていえばですねえ…」（何）

「やはり若い女性というものは…」（誰）

ここから先は話がむずかしいので身近なことに置きかえる。これも創刊を積み重ねながら覚えたこと。むずかしい問題を考える時には話を単純化する。

たとえば来年の年賀状の話。

「誰」や「何」からスタートすると、その先に広げていくことができない。

誰――いつもの五〇〇名。

何――新年を祝う内容。

「いつもの人たちに、どんな『おめでとう』を送るかっていうブレストを始めます」

これじゃ「いい年賀状」は生まれない。最初から「カタチ」まで含めるともっと最悪になる。

カタチ――お年玉つき年賀ハガキか、市販か自作のハガキ。

「ハガキ」という既存のカタチから離れることができなくなってしまう。

「みんなの元日を笑顔の幸せな一日にしてしまおう」

そんな「夢」の発言からスタートすれば、

「音声でも映像でもいいよね、それってきっと」（何）

「いいねえ、それ。だったらいつもは送らないこんな人にも送ったら…」（誰）

「夢」を広げることからスタートすることで、「誰」や「何」を呼び寄せることができる。新しい「誰」、思いもよらなかった「何」が飛び出してくる。すべて「夢」からリンクさせていく作業だ。

一方、数々の「グチ」を一つのやさしい言葉でまとめる作業。まとめることができれば、「市場の課題」が浮かび上がる。そのグチは「誰」が言ったのか。そのグチは「何」に対して。

「市場の課題」にも、「誰」や「何」がかならずリンクしている。

昔、結婚披露宴は、誰もが何百万円もかけて大きな式場でやっていた。今やホテルも式場も、割安なプランをたくさん用意している。レストラン・ウエディングも花盛りだ。

「結婚式場」からブレストを始めていたら、そんな風潮もきっと推進できなかったろう。

「だいたい結婚式はカネがかかりすぎる」

そんなやさしい言葉のまとめ方もできなかったんじゃないかと思う。

一九九三年創刊、結婚情報誌「ゼクシィ」の話である。

◆「属性」のワナにはまるな！

「自分で学費を稼がなきゃいけない奴が、なんか暗～いムードで選ぶって感じ」

「フロム・エー」の創刊ヒアリング。返ってくる言葉はみんなA誌のこと。先行するA誌が独占状態だったので、A誌の課題がそのまま「市場の課題」となる。まとめてみる。

「みじめな気分で選びたくない」

いつも利用していたので、自分マーケティングとしてもまったく同感。

しかしA誌の貢献はデカかったと思う。ホントに苦学生の役に立っていたんだと思う。学費稼ぎにも、生活費稼ぎにも。東大の大江健三郎青年は死体を洗い、早大の野坂昭如青年は犬を洗い、五木寛之青年は自分の血を売って、学費や生活費を捻出していたのだろうから。

「フロム・エー」のヒアリングをしたのは、八〇年から八二年にかけてだった。マクドナルドやすかいらーくが登場。次々と新店舗を展開。メイン戦力はアルバイトだった。折しも浦安ではディズニーランドの工事が始まった。一挙に一〇〇〇人規模の募集をかけていた。

授業料は親が出してくれる。生活費っていうよりは、クルマやデートや旅行費用。「選ぶもやるも、もっとバイトを楽しむ人」

「市場の課題」を裏返すと、そんな「誰」が浮かび上がってくる。

「属性」の誘惑に負けちゃダメだ。安易に「属性」＝「誰」としてしまうのはまずい。

「とにかく若者をターゲットにしよう…」

「学生」「無職」「一〇代」「二〇代」「男何割」「女何割」…、みんな「属性」のワナである。

そんなワナにはまったら「夢」を見つけることができない。ヒアリングで聞きだしたグチを裏返すことで初めて「もっとバイトを楽しみたい」っていう「夢」を掘り出せる。「誰」にもたどりつける。

「属性」からの発想ではA誌を追い抜けなかっただろう。勝てる商品はつくれなかっただろうと思う。

「属性」で、安易に「誰」を決めちゃいけない。

ただしオマケ。属性で二つだけ気になるものがある。

「家族兄弟構成」と「小中学校時代の状況」。

男ばかり三人兄弟の末っ子。異性のきょうだいナシ。自営業。母は勤勉。オヤジは怠け者。

好きなのは国語と体育と音楽だけ。宿題は忘れる。授業中はうるさい。おしゃべり。落ち着きがない。おっちょこちょい。

これは使えると思う。血液型や星座なんかよりもよっぽど有効だと思う。

ちなみに例に出したのはすべて私自身のこと。キャラがよ〜く見えてくるのではないでしょうか。

3 「集合名詞」は口説き落とせない

◆「新橋焼き鳥派」は「お見合い結婚派」でもある

属性が好きな人を「新橋焼き鳥派」と呼んでいる。自戒の念もこめて。

「だいたい今年の新人はなってないっつうの」

「OLっちゅう生き物はなんで不倫ばっかすんのかね。で、なんでオレんとこに来ない？」

「やだね〜、巨人ファンは。すぐそうやってプロ野球代表してるみたいな顔して…」

今日もそんな会話があちこちの席から聞こえてくる。酒場の会話に罪はない。

しかし、昼間の決裁テーブルが「焼き鳥屋」に早変わりしてしまうのはまずい。

「関西人ちゅうのは簡単にカネ出さへんで〜」

「三〇代は買わないでしょう…」

「四人に一人が六〇代以上の高齢化社会、絶対にシルバーを…」

属性とは、結局ひとまとまりの集合名詞のこと。

「二〇代男」→「二〇代」→「男って」→「人間なんて」→「およそ生き物は」

まとめる集団がデカくなるほどまったくのウソではなくなる。何を言ったって当てはまる。だからなおさら始末が悪い。属性を議論していれば仕事をした気になってしまう。しかしその実、仕事は止まっている。ただプロフィールを評論しあっているだけだ。

属性で商売ができるほど、市場は甘くない。

「だけど倉田さん、ターゲット探しが仕事ですよねえ。やっぱ集団じゃないですか」

「うるせえな、ちゃんとヒアリングしてきたのかよ」

部下からツッコまれても答えられない。ずっとずっと考えてきた。

むずかしいときにはすべて恋愛に置きかえる。これも身についた方法だ。

たくさんの人に好かれたい。だから気持ちを聞きまくる。なんとか「グチ」を聞き出せた。裏返せば「夢」になる。それをカタチにする。

「夢」をカタチにしたらつきあってくださる？

候補の男性がたくさん目の前にいる。

「バイトって楽しくやりたいと思いません？」

「思う、思う」――口説き成功。

「あなたって二〇代よね。つきあって」

「二〇代なら誰だっていいのかよ」——口説き失敗。

「二〇代」という具体的人物はどこを探してもいない。つまりは口説き落とすこともできない。

「属性」を条件に何度かお見合いをすれば、結婚もできるかもしれない。

「新橋焼き鳥派」とは、「お見合い結婚派」のことだったんだ。

「バイトを楽しみたい奴」は目の前にいる。同じ奴が多ければ商売につながる。

「いいか、同じ気持ちの集団を探して口説くんだよ。恋愛だよ、それが仕事だ。わかったか」

「もうまったく、いつも愛とか恋とかばっかり…、わかりましたよ」

◆「一人十色マーケティング」

一人の消費者が、時と場合によって違う人間に変わっていく。

単価の低い商品、頻度の高い商品ほどそうなる。属性にこだわると見逃してしまう。

たとえば「じゃらん」。

ある二八歳のＯＬ虹子さん。その時々で七色に変わる。

職場旅行の幹事として「できるだけ安く・まわりに観光ポイントが多い宿」。

半分親が出してくれて家族と行くなら「奮発して料亭旅館」。

大学時代の同性の親友と三人だから「貸し別荘でいいか」。

上司に頼まれて「コテージ&ゴルフ接待」を手配。自分もプレイする。

カレシにはとりあえず「飛行機で沖縄リゾートがいい」と言っちゃう。

不倫のパパとは「知ってる人と会わないひなびた温泉」を必死に自分で探す。

成熟した市場であればあるほど、一人は七色、十色と思った方がいい。

市場の公式をもう一度思い出してみる。

「人数×回数or個数×単価＝売上高」

虹子さん×七回×平均単価＝年間総旅行消費ということになる。

調査用語では虹子さんは「七人回」の人。だけどそれぞれの気持ちは、すべて「別人」だ。

「二〇代のＯＬはみんな温泉が好きだもんな」

こんなくくり方で「これがターゲットだ」と思っていると、大失敗をしてしまう。

さて、それじゃちょいと焼き鳥屋にでも行くか。新橋はゴミゴミして大好きだ。

「だいたい近頃の三〇男、軟弱なんじゃないのか！　みんなオタクだろ？」

「あれ？　倉田さん、そんな属性でくらないでくださいよ！」

「バカ！　属性、けなしながら飲む酒ほどうまい酒はないんだよ！」

4　感情移入してその人物になりきる

◆八〇年代、「海外旅行者」は奴隷だった

一九六四年。東京オリンピック開催。東名高速道路完成。この年、海外旅行が自由化された。

それからちょうど二〇年後。八四年夏、「フロム・エー」のデスクの内線電話が鳴った。

「あ、江副だけど、エイビーロード見てやってくれないか？」

「見てますよ、いつも頻繁に相談に乗ってます」

「そうじゃなくてさ、編集長やってほしいんだよ」

「…、フロム・エーのこと猛反対してましたよね。やっとA誌を追い抜いたばかりで…」

「もう追い抜いたんだからいいだろ。君がいなくても大丈夫だよ」

「そんな乱暴な……」

結局、お引き受けするしかなかった。すでに創刊までわずか一カ月。歌舞伎座そばの三原橋交差点。小さなビル。まったく家に帰らない生活が始まった。みんなが「着たきり編集長」と呼ぶ。狭いフロアなのに汗くさいったらありゃしない。

理屈を言うヒマはない。無事の出産に専念するのみ。そして、全ページ誤字脱字だらけの創刊。青くなった。しかし評判を呼んで一週間で完売した。ここまで開発してきた平原彰子の手柄だ。

創刊号を胸に抱きしめながら、彼女は一日中泣いていた。思わずこちらももらい泣き（彼女とはその後ふたたび一緒に「あるじゃん」を創刊。現在ファイナンシャル・アドバイザー）。

創刊号が印刷所に手離れした瞬間から、二号に向けて、彼女と一緒に「夢」「誰」「何」を再確認する作業に入った。当時はそれほど段取りを整理できてはいなかったけれど。

ずっと相談に乗っていたので、「不」のつく日本語はすでにたくさん知っている。

「わざわざ都心のカウンターに行きたくない」

「各社のパンフレット集めたら、持ちきれない」

「その割にどのパンフも同じ写真ばっかり」

調べると旅行会社は、郵便番号「100」から「103」にほとんどすべてが集中していた。戦後、マッカーサーのGHQが日比谷に拠点を設置。ナショナル・フラッグ・キャリアのパンナムも当然すぐそばに。追っかけ、日本航空も銀座に創業。旅行会社も座席を譲り受けるために、すり寄って都心に集中してきたという歴史を知った。

「これじゃ旅行する人は奴隷だよな、彰子」

「まったくですよ」

「実際にやってみるか」

「って、何を?」

「消費者だよ、消費者」

◆歩き回ってへとへとになる。カラダが「消費者」になる

一カ月分の垢《あか》を風呂で洗い流し、睡眠一〇時間以上。翌日、「旅行者」になりきって都心へ。

「ヨーロッパを考えてる人」になってみた。地下鉄虎ノ門駅で降りて、外堀通りを歩く。すべての旅行会社のパンフを立ち読みする。見つくろって脇に抱える。

「ヨーロッパ」全体のぶ厚いのもあれば、各都市ごとの薄いのもある。どんどんふえていく。

「どうぞこちらにおかけになって…、ご相談うけたまわりますので…」と。

話したくなる応対だったら腰かける。じゃなければ「他も回りますので…」と。

ふつうそうするよな。何社目かで、見るに見かねたのか「どうぞ」と紙袋を渡される。

いや〜助かる。なにせ午前中だけですごい重量だ。右手と左手を時々持ちかえる。

昼になったので食事にする。くたくただ。

休憩しながら目を通す。同じ行程なのに三万円から五万円も違うツアーがある。

午後は銀座から日比谷に向かう。ある旅行会社でカウンターに座る。

「どちらをお考えで…」

「これなんですけどね。なんでこんなに値段が違うんでしょう？」

「これは弊社のブランド商品ですから…、ご信頼いただけると…」

「ということは、こっちは信頼できないっていうことですか？」

「いえいえそういうわけでは…、仕入れ力といいますか…（しどろもどろ）」

ぐったりと疲れた上に、腹が立ってきた。何の説明にもなってないじゃないか。消費者って、みんなこんな思いをさせられているのか。

「海外旅行は、自宅でゆったり、自分でくらべて選びたいもんだよな」

そんな独り言をつぶやきながら、三原橋に向かって歩いた。また家には当分帰れない。

5 「カッコいい大風呂敷と 地味な一歩」

◆リクルートに「新規事業開発室」が発足

八九年一月、新規事業開発室が発足した。創業二九年目にして初の全社的な開発セクション。

リクルートの新事業は、すべて「言い出しっぺがやる」という暗黙のルールだった。

役員会議決定となってはいたものの、ほとんどタテマエだった。

創業社長の江副を、「言い出しっぺ」がなんとか説き伏せる。それが裏の実態だった。

すきま時間を狙った社長室のテーブル。廊下のすれ違いざま（実は待ちぶせ）。移動中のエレベーターの中。業績を祝う立食会場で水割りを片手に江副に近づいていく…などなど。

「ベルーフ（技術者向け求人情報誌）」にいたっては役員会議さえ通していない。八八年一月、位田尚隆が二代目社長に就任。江副は会長に。八八年六月「リクルート事件」が報道され始める。そして江副は引退する。「リ社事件」は本書とは無関係。ここでは触れない。

私は事件と同時に十二指腸潰瘍《かいよう》になった。入社して三度目の潰瘍だった。八九年、連日朝から晩まで「リ社事件」が報道されていた。ある夜、電話が鳴った。

「位田さんがお一人なんですけど、おつきあいしていただけませんか」

「えっ、パッシーナで一人？」

社長秘書からだった。社長が一人で飲んでるという。「パッシーナ」とは社内クラブ。しっとりと落ち着いたバーレストランだ。すごくいいバーだったのに、結局、事件のこともあって後日閉鎖することになる。位田の自宅はマスコミ記者に押さえられ、仕方なく会社そばのホテルを秘密の常宿にしていた。酒好きなのにふつうの酒場にも行けない。しかも昼間は検察で一日中取り調べを受けて帰ってくるという毎日だった。

午前〇時くらい。広いバーに男がたった二人。BGMのジャズが低く流れていた。

「まったく検察っていうのは…」

声は冷静。けれど怒りでかすかに震えている。

「こんなことまで言われてね…」

目尻からほんの一筋流れるものが…。思わず視線を避ける。こちらまで一緒に泣いてしまっちゃあ…。リクルートの今日と明日を語りながら、二人で何杯もグラスを空けた。夜明けまで。

それからだいぶたったある日、社長室に呼ばれた。

「新規事業開発室という組織をつくろうと思うんだけど、どう思う？」

「それはいいですねえ。もう従業員も八〇〇〇人こえてますもんねえ…」

「だろ？　ついては君にやってもらいたいんだよ」

「えっ、それは、すいません…、それはちょっと…」

サラリーマンとしては失格だったかもしれない。けれど丁重にお断りした。

当時「エイビーロード」事業部長。「エイビーロード」は累損を解消したもののまだ六歳児。そして、「じゃらん」創刊が了承された直後。両事業部兼務。三年目単年度黒字をめざす計画だった。

松本英治が室長に立って発足した。位田は新規事業に力を入れようとしていた。

◆RING――年一回の新規事業コンテスト

九二年一〇月。「じゃらん」黒字もめどが立ち、新規事業開発室長の拝命を受けた。辞令を受けて一カ月。上層部一〇〇人を回ってヒアリングをした。まるで商品開発と同じことをしている。そして管理職向けの社内報にこんなことを書いた。

《一〇〇人の熱い声をお聞きすると、当室の仕事は、

豊富な経営資源を生かして

豊富な（はずの）知恵を駆使して

限られた投資を使って

効率よく新規事業を生む（生んでいただく）仕事。

そして、世の中に新しい価値を生み出す。》（「RMB」一九九二年一一月一九日号）

そして、職場フロアの天井にこんなスローガンをぶら下げた。

「カッコいい大風呂敷と、地味な一歩」

それまでの「言い出しっぺがやる」良さは、自分自身がいちばんよく知っている。アナログ的な風土は壊さないように気をつけながらも、会社組織としての仕組みや制度を整えていった。もっとも代表的なものがRINGだろう。

RING（リクルート・イノベーション・グループ）。八二年から始まった年一回の全社をあげての小集団活動である。それまでは「成果発表会」という趣だった。

初代室長の松本が「新規事業コンテスト」面をぐっと強化した。そして、松本は「ケイコとマナブ」を創刊するために異動した（現リクルートHRマーケティング）。バトンタッチして、「入賞した案件はかならず実行する」という条件を加えた。言いかえれば「経営として実行しないものは入賞できない」ということだ。「入賞しておしまい」というお祭り気分が、なきにしもあらずだったのである。

◆「**助産婦**」。**そして**「**ハングリー**」**と**「**好きもの**」

RINGには、毎年二〇〇〜二五〇グループの応募があった。たった二名のチームもあれば、三〇名の大集団もある。書類・一次・二次と絞っていき、最後に残るのは一五グループ前後。社長以下全役員が最終審査員となり、丸一日かけてのプレゼンテーションとなった。

「グランプリ」「準グランプリ」「佳作」。時に応じて「特別賞」を選出。

それぞれに賞金を出し、同時にヒト・モノ・カネの経営的措置をした。

「すぐに事業部発足」「プロジェクト対応」「開発室内で研究」「開発室が補佐」など。

最終的には「選出」である。しかし開発室スタッフにとっては、お気に入りを見つけて「育成」するチャンスでもある。単なる入賞コンテストとは違う。事業を生み出すことが目的である。いわば助産婦のようなものだ。ぺら一枚のメモ程度だったアイデアがどんどん磨かれて、最終審査までに堂々たる事業プランに成長していくグループもあった。

すべての書類に目を通す。あちらから相談が来る。こちらが聞きたい場合もある。次から次に会って話をするうち、起業パワーには大きく二種類あると思った。

「ハングリー精神」と「大好き精神」。頭きてるか、好きでたまらないか。

通常業務に従事しながらも、かたわら「絶対に新事業を起こしたいんだ」という情熱の源泉。

「ハングリー」と「好きもの」が、新しいものを生み出していくんだなと思った。

「ハウジング」「カーセンサー」「ゼクシィ」「生活情報360」「ガテン」「ダ・ヴィ

ンチ」「ザッピィ」「アントレ」…など。RINGをジャンピング・ボードにして次々と誕生した。

もちろん、開発なかばにして、起業できなかったものも数多くあったけれど。

6 ヒアリングした人を絵に描いてみる

◆「夢の集団＝誰」が理想ではあるけれど…

一四の創刊のうち三つのメディアはRINGからだった。「ダ・ヴィンチ」もその一つ。

RINGのリーダーだった長嶋信也（現ズーム代表）は、「アッタマきますよ」が口癖の男。いつも何かに腹を立てていた。集めてきた「不」のつく日本語も、彼が語ると説得力がある。

「年間四万点以上の新刊書籍、いったい何が出てるかわからない」

「町の書店にはほとんど置いてない」

「注文したら二週間は待たされる」

「大書店はそろってるけど、多すぎて、何が自分にあうのかわからない」

「新聞・雑誌・専門誌の書評は、こむずかしい理屈ばっかり」

「友だちのクチコミがいちばん信頼できる」

「アッタマきちゃいますよねー」というわけだった。

もちろん私もプロジェクト・メンバーもたくさんヒアリングをしているので同感。

売り上げが伸びているのは一般雑誌やコミック誌ばかり。書籍がどんどん売れなくなっているのも、そんな「市場の課題」が背景にあるんじゃないか、と。

ふり返ってみると、始まりはマニアからだった。森鷗外も夏目漱石も同人誌に書いている。読む人間も同人の仲間。お互いが送り手で受け手。数十部単位。まさにマニアだけの「芸術」だ。新聞に連載されるようになって、小説はメジャーな「商品」になる。

その新聞さえも始まりはマイナーである。小さなものばかりが何百種類もあったようだ。作家でもある黒岩涙香が発行した「萬朝報《よろずちょうほう》」が新聞をメジャーにした。「新聞連載小説」も彼の発明だ。

そして、菊池寛が「月刊文藝春秋」を創刊。「巻頭随筆」「座談会」などのソフトを次々と生み出す。「雑誌連載小説」も。すぐに「週刊誌」も登場。やはり連載される。連載されたものが単行本となる。「文庫」も生み出されて現代にいたる。本は今や

「大衆消費財」だ。

「それにしちゃ書評って、技術評とか製品評ばっかじゃないすか」

「なんかいまだにエリート製品って感じだよな」

「流通も大問題ですよ。ゆくゆくはネット通販もありじゃないですか」

（まだ「アマゾン」は登場していない）

ブレストをくり返して「グチ」が一つに集約されていく。

「プロの、プロによる、プロのための技術・製品評だけはやめよう」

ずいぶん早くから「夢」も「何」もかたまってきた。いい調子だ。だけど「誰」がなかなか特定できない。老若男女、誰でもみんな本は買っている。読んでいるのだった。

「誰でもOKでいいじゃないですか」

ポジティブなブレストでは大歓迎の発言。しかし特定していく作業ではまずい。

「誰でも買ってください」では「誰も買ってくれない」。

口説きのアナロジーでもわかる。

「誰でもいいっていうわけ？」

どんな層が「夢」を共有できるのか。できないのはどんな層か。だいぶ苦戦した。

◆人物の絵をどんどん紙に描いていく

デカい用紙がいい。A3くらい。ヒアリングした人を描いていく。別にうまくなくていい。私の場合は「○」と「—」に手足をつけるだけ。フキダシをつけてしゃべらせる。

「四八歳。大手の役員やってますけど、もっぱらミステリーですね。年に八〇冊くらい……」

悩んでいるからやる作業で、別に仮説はない。次々と気になる人を描いていく。

「二八歳のOLで〜す。いつも雑誌ばっか。本は流行ってるものくらいかな……」

「やけに印象に残っている人」を描いていくのがポイントだと思う。都合のいい人物だけを選ぶのでもなく、「分類」も「選別」もすっかり忘れる。ここでも小学生に戻った方がいい。楽しい楽しいお絵描きの時間だ。人物になりきって、しゃべりながら描く。

「三五です。ミヒャエル・エンデが大好き。でもジャンルは問わず、何でも読みますよ……」

「オレ、一九。本？　んなもの読むわけねーじゃん。『ホリデーオート』は買うけどよー」

クルマ好きで本嫌いの一九歳にも、なりきって描く。

「倉田さん、何、ぶつぶつ言ってるんですか」

「うっせえなあ、近寄るんじゃねえよ。オレは永ちゃんの大ファンだぞ～」

「ダメだ。倉田さん、こわれてるわ…」

フキダシの中には「いい気持ち」も「嫌《や》な気持ち」も書き添えていく。用紙がいっぱいになると、そこには楽しい群像イラストが完成している。

コーヒーでも飲みながら、ゆっくり眺める。いろんな人がいろんなことを言っている。老いも若きも、男も女も。重ねてきたヒアリングは、地べたをはいずり回るフィールド・ワーク。これはさしずめヘリコプターから見る俯瞰図《ふかんず》だ。

「気になった人」が何十人も一斉にしゃべってる。開発マンという主観フィルターを通過したさまざまな人。「市場の典型群像」がうごめいていることになる。

何枚も何枚も絵を描いて、三つのキーワードが浮かび上がった。

「ミドルユーザー」「ノージャンル」「人間中心」

「歴史物」「ミステリー」「ノンフィクション」…、ジャンルの趣味がはっきりしてる人は、今までもこれからもメディアなんかに頼らない。自分の方がよく知っている。そう自負している。

年間一〇〇冊以上読むという「ヘビーユーザー」も同じ気持ちだろう。「何冊買うか」「どんなものを読むか」

いずれも「行動」をひとくくりにすることで、「誰」を判断する突破口になった。「夢」がすぐ「誰」に結びつけば、それが理想である。しかしなかなかそうもいかない時、「夢」に「行動」をかけあわせたり、「属性」をかけあわせる。すると「誰」が見えてくる。

「ダ・ヴィンチ」創刊を通じて、そんなアプローチを学んだ。

九四年、四月六日（読む）。やっと創刊。創刊編集長となった長薗安浩（現在小説家）は、これまでのプロセスを理解した上で、さらに洗練した言葉を打ち出した。

「アマの、アマによる、アマのための、本を通じた人と世間のワイドショー」

7　よその商品も「国語」で分析してみる

◆「ぴあ」VS「東京Walker（ウォーカー）」

九〇年一月。「じゃらん」と同じ頃、角川書店から雑誌「ジパング」が創刊された。

「ジパング」はこちらの誌名候補でもあった。びっくり。まさか競合では。そのうち「全然別ものだ」とわかった。「ぴあ」と真っ向勝負の雑誌だった。流通サイドからは「あまり売れてないよ」という声も聞こえてきた。二〇年の伝統を誇る「ぴあ」には勝てないか。

ところがある日、「ジパング」が大変身をしていた。名前も変わった。「東京Ｗａｌｋｅｒ（ウォーカー）」

みるみるうちに部数を伸ばし、アッという間に「ぴあ」を抜き去った。

そして、「関西」「横浜」「九州」「札幌」…とエリアに細胞分裂をしていった。台湾までも。

話は変わって「じゃらん」創刊前日の夜。

目がさえて眠れない。どうせならとコメントをノートに書いていた。「国語」のおさらいだ。明日から理念や方針を広めなければならない。国語が数字を稼ぎだす。

「日本を予約する」「日本を遊ぶ」…いろいろメモしていた。このまま寝ないでもいいや。マスコミ記者とのやりとりもシミュレーションしたりしていた。

「どういうコンセプトで創刊されたんですか？」

「『ぴあ』とくらべると説明しやすいんですよ。都心で遊ぶ『ぴあ』は半日以内の観光情報。日本を楽しむ『じゃらん』は一泊以上のエンターテインメント情報なんです」

こりゃいい。翌朝すぐに「ぴあ」編集長に電話をした。名前を使わせてもらう仁義である。

「まったく構いません。それより久しぶりに飲みましょうよ」

一貫したトークで、あらゆるマスコミにしゃべりまくった。受けたと思う。

しかし実際は「東京Ｗａｌｋｅｒ」こそが、「半日観光情報」に徹していたのだった。

当時の「ぴあ」は厳密にジャンル分けをしていた。

「映画」「演劇」「コンサート」「スポーツ観戦」「美術館」…。

一方「ウォーカー」は、「花火」に「夜景」に「ラーメン」と、それまでのエンターテインメント・ジャンルを軽やかに飛びこえていた。

◆「算数」や「カタチ」からでは人気の秘密は探れない

独占の「ぴあ」が抜かれて、評論や解説はすさまじかった。

部数合計で市場分析するもの。そのシェア争い。若年人口と興行動員数の因果関係を論ずるもの。組織としての資本力や収益力比較…。みんな「算数」の分析だ。

「網羅型より提案型」「分厚いのはダメ」「薄くなくては」「ビジュアルが重要」「モノクロのデータばかりでは味気ない」…。これらはみんな「カタチ」の分析。

七二年、「ぴあ」が創刊された。爆発的に売れた。

「好きな三本立て」を「一〇〇円でも安く」「近い（電車賃も安い）」「名画座」で見たい。

これが学生時代の私の「気持ち」だった。みんなそうだったと思う。つまり「ぴあ」が提供していた「何」は、「映画館別タイトル&価格比較検討情報」だった。「誰に？」。カネのない貧乏学生に向けて。当時ロードショーはめったに行かなかった。行けなかった。

「ぴあ」はそんな貧乏学生の味方だった。

九〇年。「ウォーカー」は映画であれば新作を取り上げる。場所による価格差はない。だから「見どころ」を伝える。名画座は閉館。旧作はレンタルビデオ屋。「花火」に「ラーメン」に「遊園地」に「レストラン」…。半日の「過ごし方」「楽しさ」を伝える。

みんな金持ちになったのに、「ぴあ」は、「誰」と「何」を修正するのが遅れたんだと思う。

二〇〇三年。でも相変わらず二誌は努力を続けながら、しのぎを削っている。よその商品の場合も、「算数」や「カタチ」ばかりにとらわれていると分析を誤ると思う。

「誰」に「何」を提供しているのか。どんな「夢」を実現しているのか。

「国語」による分析、その先にある「気持ち」の分析がかならず役に立つと思う。

8　みんなが「恐山のイタコ」になる瞬間がくる

◆「感情移入」はものすごく重要な技術だ

前の章はブレストについてだった。「夢」「誰」「何」を出しまくる。決定はしない。

この章は市場の課題の特定。「グチ」を特定して、「夢」「誰」「何」も特定する。

「ブレストはわかりました。出しまくればいいんですよね。それじゃ、決めるのはどうやれば…。グチがいっぱい集まるじゃないですか。そのどれを選べばいいんですか？」

いつも聞かれて、そして、いつも答えに窮する。

「何十回とくり返していると、全員納得の瞬間が…」

「はあ…、そうなんですか…」

人と会う順番。会う場所。座り方。聞き方。聞く内容。メモの取り方。そしてブレストのやり方。

作業手順を細かく書いてきた。「夢」「誰」「何」「カタチ」という四つの目的も。

しかし、作業と目的をつなぐもの、何を心がけながら何人も何人も会うのか、何回も何回もブレストをするのか。そんなプロセス目標が抜け落ちていたかもしれない。

「消費者になること」

これにつきるんじゃないかと思う。だから前半のヒアリングは、

「たくさんの人に会いながら、さまざまな他人を取り入れていく作業」

そして、ヒアリングとブレストを並行してくり返しながら、

「ある消費者像に染まっていく作業（複数タイプの場合も）」

そして、回を重ねるごとにブレストは、

「最初は自分たちの夢を開陳する作業」だったものから、

「消費者に染まって、なりきった消費者が自由に夢を開陳する作業」へと進んでいく。

「フロム・エー」創刊前に、大学キャンパスに入りこんでランチを食べた。「エイビ

ーロード」創刊直後に、重い紙袋を持って旅行会社を回った。当時は本能的にやったこと。これも今思えば「消費者になる」ための必死なプロセスだったのだろう。むずかしく聞こえるかもしれない。しかし誰でも持っている能力だと思う。

子供の頃、NHK大河ドラマに夢中な父親を横から眺めるのが好きだった。父とテレビを交互に見る。

「苦しゅうない、近《ちこ》う寄れ！」「ハハッ！」

オヤジはかならず偉い人に感情移入して、うなずいたり、口をへの字にしたりしていた。それを馬鹿にしていた私も、東映やくざ映画を見終わって映画館を出たら、肩で風を切って歩いていた。

◆五人のやりとりが、多重人格の消費者三〇人に変わる

「とらばーゆ」創刊のために女性一〇人にヒアリングをした。それが積み重なって「一〇〇人はこえたかなあ」という頃。西新橋の居酒屋で飲んでいた。野郎ばっかりの飲み会だった。

「庶務の〇〇ちゃん知ってるだろ？　とろいよなー」

「制作の〇〇の方がひどいんじゃないか。この前なんか…」

別に他愛もない会話だ。職場の女を肴《さかな》にして飲む酒。しかし無性にムカムカした。

「あんたたち何言ってんのよ！　何も知らないくせに。女が働くっていうのはねえ…」

全員の目が点になる。一瞬の沈黙。一人が口を開く。

「倉っちゃんさー、もしかしてオメエ、子宮ついてんのかよ」

大爆笑。それにしてもどうなっちゃったんだろう。「女」が急に降りてきた。

ヒアリングとブレストを重ねていくと、誰でも感情移入が上達していく。言いかえれば多重人格になることでもある。たとえばそんな五人がブレストをする。背後霊が三人の奴、四人の奴…。あわせて何十人もの消費者が一堂に会している。全員が恐山のイタコになって、街から消費者を呼び寄せている。三〇人くらいの消費者がわいわいがやがや騒いでいる。

ブレスト会場に「市場」が充満していく。誰か（に降りてきた消費者）が叫ぶ。

「やっぱ、トラベルをくらべる、それを待ち望んでるんだよね…」

「いいねえ、そうだよ、そうだよ、トラベルをくらべるわけだよ」

こうして何も決めてはいけないブレストで、ほとんど決まってしまう瞬間がくる。後日、決裁会議は開くにせよ、すでにブレスト会場で決まったようなものだ。

ちなみに「トラベルをくらべるわけだ」というフレーズは、宣伝をお願いした博報堂のコピーライターにも気に入られた。

そのまま「エイビーロード」のテレビCFに使われた。

6章　まとめた言葉をカタチにする

1 創刊のために社内資料をむさぼり読む

◆少女マンガ家と結婚していたかもしれない

たまたま大学のそばだったから集英社のバイトにめぐりあった。三年におよぶ同棲（バイト生活）で、人と仕事に惚れた。だから就職シーズンになっても、集英社しか受けなかった。恋愛就職だ。

二〇〇〇人くらいの応募を何とか最後まで残った。しかし最終面接で落とされた。落ちたのは二人。健康診断で肺結核が発見された奴と私だけ。いったい何で。

廊下で人事部長とすれ違った時に聞いてみた。バイトをしているので顔見知りだ。履歴書に書いた「海外旅行五回」っていうのがどうも問題になったらしい。とくにその費用の出どころが。

「君、何て答えたんだっけ？」

「御社のバイト代と、足りない分は友だちからって…」

「それがいけなかったみたいだねえ…」

「え、何でですか？」

「ウソでもいいから、親に出してもらいました、と。まだ学生の身分なので社会に出てから返します、ってね。そう言えばよかったんだよ」

「そんな〜、ウソはつけませんよ」

「面接官はみんな二重丸だったんだよ、君のこと。×だったのはたった一人だけ。それが社長なんだよ。社長が×じゃ、いかんともしがたいよ…」

めちゃくちゃ頭きた。そんなウソついてまで入りたかねえや。フンだ。これでどこにも行き先なし。

これからどうしたらいいんだろう。悩みながらバイトを続けていた。

数日後、「月刊PLAYBOY」の私の席に内線電話が入った。

「『花とゆめ』編集長の〇〇ですが、このたびはホントに残念でしたねえ…」

少女マンガ雑誌「花とゆめ」は白泉社発行。集英社の関連会社だ。

「ぜひウチにきてください」というお誘いだった。

「いえ、フリーでやっていきますから結構です」

むしゃくしゃしていたので、そう答えてしまった。なんとも若気のいたり。もし承諾していたらどうなってたんだろう。

少女マンガ家と結婚して大金持ちになっていたかもしれない。

二年後の真夏。三五度くらいの猛暑。京浜急行品川駅。電車から降りて頭がぼーっとしていた。暑くて暑くてたまらない。考えもなしに「フリー」と言ってしまったことが現実となっていた。小さな編集プロダクションに所属して、雑誌や広告の仕事をしていた。この日もあちこち回って、品川駅で乗り換えようとしていた。

——しまった。網棚に忘れた。

海外からの一点しかないポジフィルムを置き忘れてしまったのである。ただウロウロとホームを歩き回って、やっと駅事務所に行かなくちゃと気づく。

結局出てこなかった。

「困るねえ、三〇万円の弁償だな」

「すいません。貯金が一銭もないんです…」

「しょうがない。一〇万円にまけてあげるよ」

「稼げるバイトやって、なるべく早く返しますので…」

◆「タバコ」と「酒」と「モノマネ」で、リクルートにA職（アルバイト）入社

新聞の求人欄を見ていたら、相場より高い時給のバイトが目に飛びこんできた。

「営業・制作・編集」と書いてある。編集も制作も経験があるし、小さいプロダクシヨンなので毎日が営業だった。

社名は、日本リクルートセンター。まったく聞いたことがない会社だ。

面接当日。こぎれいな服にしようと悩みに悩んで、それしかなかったのでアロハシャツを着た。夏はふだんはサンダルだったけれど、無理して靴をはいた。

「あら、あなたもハイライトなの？　何本くらい吸うの？」

始まるなり女性面接官が吸い出したので、これ幸いと自分も火をつけたのだった。タバコ以外に聞かれたのは、「徹夜できるか」「酒は飲めるか」「飲むなら強いか」「芸はできるか」「歌は歌うか」「何を歌うか」…といったところ。一五分くらいで終わった。

「野口五郎と都はるみのモノマネはかなりいけると思うんですけど…」

いったいこんなんで、採用してもらえるんだろうか。

一九七八年八月一七日、「週刊就職情報（現B·i n g）」にアルバイト制作マンとして入社した。

編集長席に、あの女性面接官が座っていた。神山陽子という名前だった。

「本づくり」という面では神山がたった一人で創刊し、三周年を過ぎたところだった。

社会常識がまるきりなかった私は、彼女から徹底指導を受けた。名刺の出し方、レジュメの書き方、会議の進め方、酒のつぎ方、冗談の間合い…。髪を切れ、風呂に入れ、歯を磨け…。

ちょうど丸一年後、社員となる。「とらばーゆ」創刊に向けて遮二無二《しゃにむに》働く。そしてその「とらばーゆ」がなんとか「カタチ」をつくる段階に入ったある日。

「神山さん、一人で創刊したんですよねえ…、何か参考資料でもありませんか」

「そんなもんあるわけないじゃない。あ、それじゃ、これでも目を通してみたら…」

ブタのようにぶ厚いファイルが三冊、ドンと目の前に置かれた。

◆「広告代理業」から「情報メディア業」へ

リクルートは、「大学新聞広告社」として一九六〇年に創業。江副浩正と鶴岡公の東大生二名が始めた学生企業だ。

江副はリクルート一〇周年記念誌にこう書いている。

《四月一日、営業活動を開始した。事業内容は社名のとおり、大学新聞専門の広告代理業である。創業当初から仕事はあった。私がそれまでやっていた東大新聞の広告の仕事が中心である。月を追って他の大学新聞の扱いがふえていった。》（記念誌「リクルートと私」）

この記念誌は隅から隅まで読みこんだ。何か「つくる」参考が書いてあるんじゃないかと。そして始まりが「広告代理業」だったこと。喫茶店や定食屋や雀荘の広告が当たり前だった大学新聞に求人広告を導入したこと。景気にあと押しされていつもすぐに満稿になってしまったこと。二月から七月までの半年仕事だったこと。あとの半年はヒマでヒマでたまらなかったこと。ピーク時には一〇〇校の大学新聞と契約していたこと…などなどを知った。

《当時の顧客層は、産業別には〝銀行よさようなら、証券よこんにちは〟のキャッチフレーズが話題になった投資信託グループの証券業界。〝三種の神器〟の言葉で象徴された家庭電化ブームの電機業界。〝天然繊維から合成繊維への移行期〟で、ナイロン・テトロンブームの合繊業界。稲山嘉寛氏の〝鉄が鉄を呼ぶ〟の発言が話題になった設備投資ブームの鉄鋼業界。この四つの業界が大口顧客だった。》（江副浩正・同記念誌）

そして、次の三つの理由から独自メディアの発行を決断する。

「大学新聞の広告収容力の限界」

「半年忙しくて半年ヒマという仕事の平準化」

「大学新聞の（〝安保反対〟などの）左がかった記事への不満」

当時アメリカの大学就職部で学生に配られていた冊子「CARRIER（キャリア）」（以下C誌）の存在も引き金になったようだ。ここに両誌の「つくり」を比較した重要な記述がある。

《一、C誌は〃記事の中に多くの広告〃であったが、われわれのは〃広告だけ〃であった。

二、C誌の広告は表現の形式が自由であったが、われわれは表現の形式を規格化し、いわば就職のための会社年鑑＝入社案内のダイジェスト版＝の性格をもたせた。

三、C誌は一種類のものであったが、われわれは理工系、法経系、国立系、私学系というように対象別に多分冊、多種類のものにした。》（江副浩正・同記念誌）

こうして一九六二年、「企業への招待（現リクルートブック）」が創刊される。この瞬間にリクルートは、世界初の「広告＝情報メディア業」へと、業態の大転回をする。

さらに七〇年。同じ発想で学校配布のノウハウも生かし、「進学リクルートブック」を創刊。どちらも年一回発行の無料配布メディアである。

そして七五年。「週刊就職情報（現B・i n g）」創刊。「進学」→「就職」→「転職」へと、人生の節目が分冊メディアとなって広がる。初の「市販」で「週刊サイクル」でもあった。

創刊の先輩、神山から借りたぶ厚いファイル三冊をむさぼるように読む。誰からも教わらずに苦悶した一つひとつの作業の歴史が、レジュメの行間からにじみ出てくる。

ある箇所に目がひきつけられた。文字がそこだけ浮き上がって見えた。

「大量処理」「スピード処理」「集中処理」

2　「カタチ」——需要と供給が出あう場所

◆リクルートは「出版業」でも「広告代理業」でもない

ハタチからの五年間に、雑誌も広告もとりまぜて、さまざまな経験をした。

雑誌では、集英社の「週刊プレイボーイ」「月刊PLAYBOY」に始まり、「ノンノ」「セゾン・ド・ノンノ」「MORE」、光文社の「JJ」「月刊宝石」など…。

インタビュー、対談、座談会、取材もの、コラム、表紙撮影…。ジャンルも、料理、インテリア、旅行、ヘアメイク、ダイエット、店の紹介、ファッションからSEXまで。

広告も大小とりまぜたくさん経験した。ポスター、カタログ、パンフレット、リーフレット、チラシ、POP、立体の販促物まで。絵本のような冊子から学術書のようなPR誌まで。

しかし、リクルートはそのどちらでもなかった。

記事を読ませて売る「出版業」じゃなかった。広告は売ってたけどメディアも発行していた。つまり「広告代理業」でもなかった。不思議な会社だなあと思った。

営業マンは企業からカネをもらってきた。だから確かに「営業」だった。しかし、「出版」を経験した私の目から見ると、情報の素材を収集してくる「データマン」にも見えた。独自のフォーマットに落としこみながら、制作と一緒にキャッチフレーズやコピーを考え始めると、まぎれもなくそれは「編集者」の姿でもあった。

「営業行為と編集行為が一致してしまう不思議なメディアだなあ」と思った。

毎年春に経済紙誌が「法人所得ランキング」を発表する。日本経済新聞も週刊東洋経済も週刊ダイヤモンドも、リクルートをバラバラの位置に置いた。あるものは「出版業」。あるものは「調査サービス業」。あるものは「情報・ニュース供給業」。いまだにそうだ。

大学の授業では、「新聞・出版・広告・放送・通信」の五業種が「マスコミ」なんだと習った。

そこにリクルートは入っていない。じゃ、いったいリクルートは何業なんだ。九二年に新規事業開発室スタッフとしてあらためて整理し直してみるまで、何のビジネスかもよくわからないままに、闇雲に創刊をくり返し、商品を生みだしていたのだった。

◆需給のミスマッチをマッチングするメディアづくり

「倉っちゃん、スーツ買いに行くぞ、ほら、早く」

背広は一着も持っていなかった。集英社の面接も友だちに借りたものだった。

「やっぱアイビーでビシッと決めないとな」

たった二人の「とらばーゆ」プロジェクト。課長の多田弘實（現キャリアデザインセンター代表取締役）の愛車はポルシェ。服装も上から下までいつも決まっていた。

青山のブルックス・ブラザーズに連れていかれた。

「これにこれと、これなんかいいじゃん、タイはレジュメンタルだな…」

「そのネクタイつけると、レジュメ書くの、うまくなるんですか？」

「何、馬鹿なこと言ってんだよ、早く試着してこいよ」

鏡にぼさぼさ頭の男が立っていた。生まれて初めてスーツを買った。「IVY LEAGUERS CLUB」と書いてあった。「倉田」という名前の刺繍《ししゅう》も嬉しかった。

以来、朝から夕方までそれ一着で企業回り。夜はTシャツとGパンに着替えて、昼間の意見をもとに広告フォーマット見本の試行錯誤をくり返し、床かイスか机の上に寝た。

当時、女性の社員募集は新聞の「女子」欄しかなかった。パート・アルバイトは、郵便受けのチラシか、電柱や店に貼り出される紙。そこにも大きく「女子」と書いてあった。

ヒアリングを重ねて半分「女子」になっていた私は、怒りがカラダに染みこんでいた。

「だいたい女子って何よ！　ちゃんと仕事で選びたいのよ、私は」

「新聞の三行や五行くらいじゃ、どんな仕事なのかちっともわからない」

「活躍したい」「燃えたい」「やりがい…」「社会に何かを残したい」…。

彼女たちの言い分だけを反映すると、大きな広告＝情報スペースが必要となる。

昼間聞く企業サイドの意見とは、相当なギャップがあった。

「とは言いましても、これからだっていう時に、結婚とか出産退職ですからねえ…」

「採用コストとしては、男子の半分しか出せませんよ…」

となると広告スペースは、新聞の行広告に毛がはえた程度のものになってしまう。

昼間はスーツを着て「営業マン」となり、夜はTシャツを着て「編集マン」となりながら、女性たちの「思い」と企業の「ソロバン」の板ばさみだった。

同時に、ページを何分割すればいいのか、一冊に何社の情報が収容できるのか、メディアそのものの原価・経費のソロバンも何度も何度もはじき直さなければならなかった。

出版社の雑誌と違い、情報誌は、広告＝情報づくりがもっとも重要だってこと。人と企業の思惑にどう折りあいをつけるのか。それがカタチづくりの最重要課題だってこと。

「思い」と「ソロバン」。国語と算数をつなぐものが「カタチ」だということ。

そして集めた情報を、大量に、素早く、集中させて、どのように処理するか。

「大量処理・スピード処理・集中処理」が、なによりも求められるということ。

何日も何日も徹夜をしながら、そんなことがわかってきた。

しかし、くじけそうになりながらも、こんなことも考えた。

うまくカタチをつくれば、素晴らしい出会いがたくさん生まれる。有望な人材との出会い。いい人生への転機。女性の活性化。

日本株式会社人事部女性担当としての適正再配置。

需要と供給のミスマッチ。それをマッチングするメディアを創刊できるに違いない、と。

3 「人のカラダを動かす」メディア・ビジネス

◆グーテンベルクが印刷したもの

九二年。新規事業開発室長となって、すぐに日比谷図書館に行った。

売り上げ目標も利益目標もない初めてのスタッフ職。

まずリクルートが何業なのかハッキリさせたかった。

出版社は販売収入でメシを食っている。リクルートは広告収入。だから出版業じゃない。広告代理店はみずからメディアを持たない。リクルートはメディアを持つ。だから広告代理業じゃない。そこまではわかった。

しかしそれだけだと、「どちらでもない」という定義にしかならない。

もっと知識を仕入れないと。よし、それじゃグーテンベルクまでさかのぼっちゃえと。

「アッ…、これは…」

思わず声を出していた。静かな図書館にやけに響いた。まわりの人に睨まれる。

閲覧した本の中に見つけた。グーテンベルクが最初に印刷したもの。思わず声が出てしまった。

聖書と地図。

グーテンベルクが印刷術を発明してまず最初に印刷したもの。それは聖書と地図だったのである。高校の世界史ではそこまで教えてくれなかった。

聖書は読むもの。地図は使うもの。これだ。

これだと思った。興奮した。リクルートは「使うもの」をつくり続けてきたんだ。

情報誌の読者は、現代のバスコ・ダ・ガマかコロンブス。情報誌を使って人生の冒険に出かける。読者と呼ばない方がいいな。利用者だ。「ユーザー」と呼ばなければ。

にやにやしながら本を返す。

日比谷公園を歩きながら、さらに頭がぐるぐる回る。新聞社も出版社も「読むもの」をつくり続けてきた。そのページの間に広告代理店は「告知するもの」を入れる。

それじゃ、ラジオやテレビはどうなんだ。ドラマにニュースにスポーツに芸能…。「楽しむもの」「泣かせるもの」「笑わせるもの」…。

なんとかひとくくりにできないものだろうか。

オフィスに戻っても席につかずに、打ち合わせテーブルの前に一人で座る。

「そんな顔して、どうしたんですか？」

「ちょっと、今いいとこなんだ、考えさせてくれよ」

相撲中継を見て、歌番組を見て、クイズ番組があって…。

ビートたけしに笑い、バラエティー番組は馬鹿にして、シルクロード紀行に感激して…、感激…、感激する…。

「感動だ！　感動と行動だ」

「なんですか、いきなり大声出さないでくださいよ。びっくりするなあ、もう」

◆**「感動ソフト」と「行動ソフト」**

どんなメディアも、盛りこまれるソフトは次の二つに集約できる。

「感動ソフト（エンターテインメント）」

メディアに接したユーザーは心を動かす。

新聞・雑誌・放送・映画・演劇・ゲーム・コンサートホール・競技場・講演・教室…。

泣く、笑う、学ぶ、喜ぶ、ジーンとなる、観る、聴く、馬鹿にする…。楽しむもの。


「行動ソフト（アクション）」

メディアに接したユーザーは体を動かす。

情報メディア・通販メディア・地図・電話帳・カタログ・○○ナビ・カラオケ目録…。

問い合わせ、予約、申し込み、買う、入社、住む、食べる、旅する、結婚する…。使うもの。


すでにわかっていた収入軸も整理してみる。

どんなメディアも、収入源は次の二つに集約できる。

「販売収入（ユーザー課金）」

情報利用者からのメディア利用料をメインとする。

旧来のマスコミはほぼすべてこれ。地上波放送はNHKだけ。BS、CSはこれに挑戦中。

「広告収入（IP課金）」

情報提供者（Information Provider）からのメディア参画料をメインとする。

旧来のマスコミの中ではNHKをのぞく民放のラジオもテレビもすべてこれ。しかし「広告」という用語は感動ソフトを前提としていて、がぜん古くさく聞こえてくる。インターネット上のバナー広告も、やはりまだ「広告」である。楽天市場はメディア参画料をきちんと位置づけて成功した。さらには固定料課金から手数料課金に移行した。

以上、ソフト軸で二つ。収入軸で二つ。メディア・ビジネスの四業態が現れる。

①感動ソフト＋ユーザー課金——旧来マスコミ、興行、スポーツ、ネットのエロサイトも

②感動ソフト＋IP課金——民放ラジオ・テレビ、PR誌、バナー広告運営のサイト

③行動ソフト＋ユーザー課金——「ぴあ」が出版業初の行動ソフト、ヤフーオークシ

④行動ソフト＋IP課金——リ社情報誌、通販雑誌、通販番組、電話帳、楽天市場ョン

◆出版社よりもコンビニエンス・ストアの方が親戚

黒沢明も宮崎駿も、美空ひばりも宇多田ヒカルも、テレビの編成局長も雑誌の編集長も、「人が感動してなんぼ」である。一人でも多くの人を感動させることで、部数に、視聴率に、観客動員数にはね返ってくる。そこにヒト・モノ・カネを集中させる。とりわけ感性を。

行動ソフトは「人が動いてなんぼ」である。情報量はたくさんあった方がいい。けれど見やすく、くらべやすく、選びやすく、お目当ての情報に素早く到達できないとまずい。

旅行情報誌が木村拓哉をヌードにして一〇〇万部売れても、一人も旅に行かなければビジネスにならない。旅人をふやすことにパワーを集中する。とりわけ行動データの分析に。

カタチが雑誌なので出版社と間違えられる。定義して初めてまったく似ても似つかぬビジネスだとわかった。コンビニエンス・ストアの方がよっぽど親戚だと思う。

品物を仕入れる。飲料はここ、弁当はあっち、雑誌はそこで文具はここ。動きやすいように選びやすいように店内レイアウトを考える。同じアイテムの陳列でも、売れ筋は多めに、死に筋は早めに撤去。データ分析が遅れると判断も遅れる。

客がレジに立つ。品物を打ちこんでいく。最後に属性を打ちこむ。属性を打ちこまないとレジは開かない。いわゆるPOS（販売時点管理システム）である。日商、週商、月商、四半期、半期、年商と、各アイテムの売り上げに属性がリンクされてデータが上がってくる。

「誰」と「何」がセットのデータである。

高カロリー飲料が女性に不評ということが見えてくる。低カロリー飲料のグラフが右肩上がりに伸びていく。飲料メーカーにフィードバックする。メーカーの新商品開発の方向性が定まる。

需給のミスマッチが解消される。一つ解消されると次のミスマッチが出現する。

リクルートもコンビニも、人のカラダを動かして、需給バランスを追求し続ける。

「この赤、ちょっときつすぎるかも、もうちょっと微妙な色あいが欲しいなあ…」

「おい、マガジンハウスじゃないんだから、そんなことに一時間もかけるなよ」

めざす方向がハッキリしてから、センスを気どる編集者にはよくそんな注意をした。

「だって、センスと感性で勝負する編集者の方が、絶対もてますよー」

「わかった、わかった。合コンの時は何言っても許す」

「コンテンツ」という言葉が氾濫している。けれど、どの本を見ても「感動ソフト」のことしか書いてない。書いたご本人も、地図や電話帳やカラオケ目録は使ったことがあるはずなのに。

人が一日を過ごす。心を動かし、カラダを動かす。

人の一生は感動と行動でできている。

一五世紀のグーテンベルクから現代にいたるまで、そして未来永劫《えいごう》変わらないことだと思う。

4　理屈をこねずに、ひたすら手を動かす

◆プロに頼むのは最後の最後

とにかくカタチにする。これがつくる作業の根本精神である。

ただし無限にはつくれない。だからこそ手を動かすのをここまで我慢して、ヒアリ

ングとブレストを重ねた。グチを集約して市場の課題を特定した。やさしい言葉にまとめた。裏返しの「夢」もわかりやすい言葉にした。その言葉に的を絞ってカタチにする。

「バイトを楽しく選ぶ」情報誌とは、どんな体裁か。どんな分類か。どんなページ構成か。

「自宅でゆったりくらべて選べる」海外旅行情報誌とは、どんな表紙で、どんなサイズか。

言葉が示す方向に向かってひたすら手を動かす。つくる数が多いほど決めやすい。つくらずに議論するより、つくって捨てた方が早い。

ここまでくると理屈は邪魔なだけ。おしゃべり厳禁。黙ってつくる。全体でも部分でも、つくっては触り、つくっては見せ、つくっては聞く。そしてまた、つくる。

「どっちの方がバイトを楽しく探せそうか」

「どちらの方が海外旅行をゆったりくらべて選べそうか」

カタチを判断する基準は、言葉である。市場の「グチ」と「夢」。言葉があるから方向が定まる。市場の「声」のモノサシを使って、理想的なカタチを追い求めていく。

この段階ではまだプロには頼めない。「とにかくつくる」でプロに頼んだら、膨大なコストになってしまうし、その前に失礼だ。カタチの方向性が定まってから、初めてプロに頼む。

それまでは素人作業でどんどんつくる。新聞・雑誌・コピー用紙、そのへんにあるものを切ったり、貼ったり、つなぎあわせたりして、どんどんつくる。美醜を問う作業じゃない。「言葉」を具体化できるかどうか、「夢」に近づけるかどうかの方向性を探る作業である。

「あ、それならパソコン上でどんどんつくりますから…」

確かに。ごもっとも。今やモニター上で何でもできる。

それでも手作業の方が断然いい。とくに紙メディアの場合は、「ブッ」の手触り、大きさ、仕上がりイメージを確かめながら進める方がいいし、結局は早い。

ウェブ・サイトをつくるという場合でさえ、やはり手作業を重ねた方がいい。ラフ・スケッチを何枚も描いてみるとか、ありものを切り貼りしてみるとか…。

モニター上でつくるということは、現状の技術とコストの制約のもとにつくるということ。

市場の「夢」を実現するものは、現状からはけっして生まれてこない。

モニターという「現実」から、すぐに、なるべく遠く離れた方がいい。

◆夢をカタチにしたら、ソロバンとの競争が始まる

カタチをつくる作業には、前半と後半がある。

前半・夢のつづき――言葉（＝夢）の実現のためにひたすら数多くつくる（楽観的に）。

後半・夢から現《うつつ》へ――ソロバン勘定にあわせてひたすら数多くつくる（現実的に）。

「立体ホログラムのウエディングドレスをバーチャル試着したいなあ…」

ブレストで出た大ぼらはすぐには実現できない。技術とコストの壁がある。将来のためにとっておく。しかし実現できそうな夢なら、追求する価値がある。技術やコストの検証はあと回し。その面でも手でつくるしかない。ひたすら数多くつくる。前半作業の使命である。

取材でウォークマンを開発した黒木靖夫氏にお会いしたことがある。ソニーでは、トランジスタラジオからウォークマン、デジカメにいたるまで、まずは木型をつくるのが創業時からの伝統だと聞いた。ラジオをワイシャツのポケットに入るサイズにするのが始まりだったとか。ウォークマンの木型も、当時の盛田社長がいくつもいくつも社長室の壁に投げつけたそうだ。

徹底したユーザー志向。とりあえず技術とコストは無視する。「グチ」をとりのぞき、「夢」をカタチにすることができたら、一転して、ソロバンをはじく毎日が始まる。後半作業。ソロバンをはじきながら、イノベーションを同時に考える。「どうしたらできるか」「こうはできないか」「もっと安く」「ここを切りつめたら」……。

突破することができれば、その先に「夢」の実現が待っている。

どの創刊でも、小さなコマ広告見本から表紙見本にいたるまで、膨大な数の見本をつくった。筆頭は「フロム・エー」である。役員会議のGOサインが出ない三年間を逆手にとって、手作業でつくったのはもちろんのこと、製本見本でも、サイズも大・中・小とりまぜて三〇種類以上もつくった。独占A誌に勝つために、ありとあらゆる可能性を追求したのである。

結局、技術的にもコスト的にも、もっともむずかしいペーパーマガジン・スタイルを選んだ。事前ヒアリングでは九五％以上が「B5判（A誌と同じ）」と答えた。同じ人が「楽しく選びたい」とも答えた。

「夢」を優先して「カタチ」の声は無視した。「夢」から新しい「カタチ」を呼び寄せたのだった。

「これなら駅の売店でタケノコみたいに置いてもらえるよ」

そんな大ぼらも吹いていた。同時期に新潮社から写真週刊誌「フォーカス」が創刊された。どちらもよく売れて、どこの駅売店でも二つのタケノコが立っていた。

すごく嬉しかった。

5 カタチが、国語と算数をつなぐ

◆折り返し地点から「人格」も「モード」もガラッと変える

ブレストには、四つの目的があった。「夢」と「誰」と「何」と「カタチ」と。

ヒアリングもブレストも「耳」と「ロ」を使う作業だった。

「カタチ」だけは手作業がともなう。そして前半と後半がある。

前半が「夢のつづき」。後半が「夢から現《うつつ》へ」。ブレスト会場で「カタチ」を話題にするのは前半だけ。あくまでも「夢のつづき」である。

「年賀状が二五メートルプールくらいの大きさだったら面白いな」

ブレストなので否定しない。絶賛してしまう。

「いいねえ。いっそのこと五〇メートルプールの方がいいじゃん…、めでたさも二倍だろ」

この例だと見本をつくるわけにはいかないけれど（もちろんつくってもいい）、一メートル大の年賀状だったら、模造紙でも何でも切り貼りしてつくってしまう。具体例を出すと、いかにプロに頼めない段階なのかおわかりいただけると思う。ぎりぎりまで「夢」を追求することで、ひょうたんからコマのイノベーションが生まれるのである。

ある程度カタチの方向性が定まったら、後半に向かう。ブレストよさようなら、ディベートよこんにちは。「仕事術」の折り返し地点だ。出産でいえば「受胎」。「着床」できるかどうかは、カタチづくりの後半作業にかかっているし、そこから先には「つわり」もあるだろうし、「臨月」までの苦労や産みの苦しみも待っている。

「三メートル大の年賀状って、やっぱ迫力あるよなあ…」

「いつまでも夢みたいなこと言ってんじゃないよ」

「あれ？　否定しちゃいけないんじゃ…」

「きのうでブレストは終わったんだよ。お前聞いてなかったのか」

初の創刊というメンバーとはそんなやりとりもした。「人格が変わった」とまで言われたりもした。まさにそのとおり。手のひら返しだ。

ここからモード転換。「現実」に突入していく。

◆「夢」から一転。すべてを「カネ」で裏打ちする

国語の仕事の親玉は「夢」だった。

「夢」から「誰」「何」「カタチ（前半）」を考えた。

ここからは算数の仕事。すべて数字で考える。親玉は「カネ」である。

「いくらかかる」「人数は」「そんな納期じゃ」「拠点がない」「まずは月刊から」…。

「時間」と「空間」と「マンパワー」と。それらすべてが「カネ」とリンクする。

一二六～一二七ページの1～4に続いて、整理するとこうなる。

5　カタチ（後半・夢から現《うつつ》へ）——全体は？　部分は？　細部にいたるまで。
6　時間&空間——創刊日・発行サイクル・営業期間・納期（前後工程）・営業エリア・販売エリア・拠点（場所と数）・勤務時間…。時間と空間に関わるすべて。
7　ヒト&組織——職種・人数・人材像・雇用形態・組閣・家賃・交通・通信・外注先（契約形態&ギャラ）…。ヒトと組織に関わるすべて。
8　カネ——売り上げ・原価・経費・損益計算・黒字化・バランスシート…。

カネの計算は業種・業態によって違う。リクルートの情報誌の場合は、「三年目単年度黒字」が暗黙のルールとなっていた。それをめざして必死にソロバンをはじく。「夢」から始めた創刊の全プロセスは、次ページの図のようになる。

1から4までが「夢」モード。国語作業。聞いて、しゃべって、言葉にする。楽観的に。

5から8までが「現実」モード。算数作業。数字、数字、数字。リアルに現実的に。

1から4までが「カッコいい大風呂敷」。5〜8までが「地味な一歩」。よほど大きな風呂敷を広げておかないと、算数作業に入ったとたん「あれもダメ」「これもできない」。削りに削って何も残らなくなってしまう。ソロバン勘定がどうしてもあわなければ、前に戻る。「5」や「4」へ。「3」へ。「2」へ。時には「1」からやり直しという場合も。

何度やっても数字がダメならお蔵入りとなる。棚に上げておく。

だけどけっしてゴミ箱には捨てない。プロセスをくり返すことで阻害要因がハッキリする。やがて再挑戦の日がくるのである。

〈誰でもできる起業マニュアル〉（小さな企画立案から新会社創業まで）

●起業の８プロセス

0　アタマにきてる・うんざり・あきらめてる
1　どのような人間生活（社会）を実現していくか
2　誰に提供するか
3　何を提供するか
4　どんなカタチで（夢のつづき）

1〜4　夢・ロマン（カッコいい大風呂敷）

5　どんなカタチで（夢から現へ）
6　どのくらいの時間・空間を使うのか
7　どんなヒトと組織でやるのか（内も外も）
8　それがどのような成功ビジネスとなりうるか

5〜8　カネ・ソロバン（地味な一歩）

0　グチ………………不平、不満、不快、不便、不都合、不信、不安、不可解、不思議
1　夢…………………夢、ビジョン、ミッション、哲学、方針、めざすもの
2　誰…………………ユーザー、顧客、ターゲット（属性は厳禁）
3　何…………………テーマ、ジャンル、ドメイン、消費・サービス・情報の各内容
4　カタチ（夢のつづき）‥1〜3を実現するもの（技術＆コスト無視）

5　カタチ（夢から現へ）‥6〜8で裏打ちできるもの（技術＆コスト追求・イノベーション含む）
6　時空………………頻度、期間、納期、営業＆販売エリア、拠点（場所と数）、時空すべて
7　ヒト………………職種、人数、人材像、雇用形態、組閣、組織戦略、外注先（契約形態・報酬）

8 カネ……………………価格、売り上げ、原価、経費、事業戦略、3カ年・5カ年計画、P/L、B/S

● 作業順序

開発から起業までの手順

起業後の見直し手順

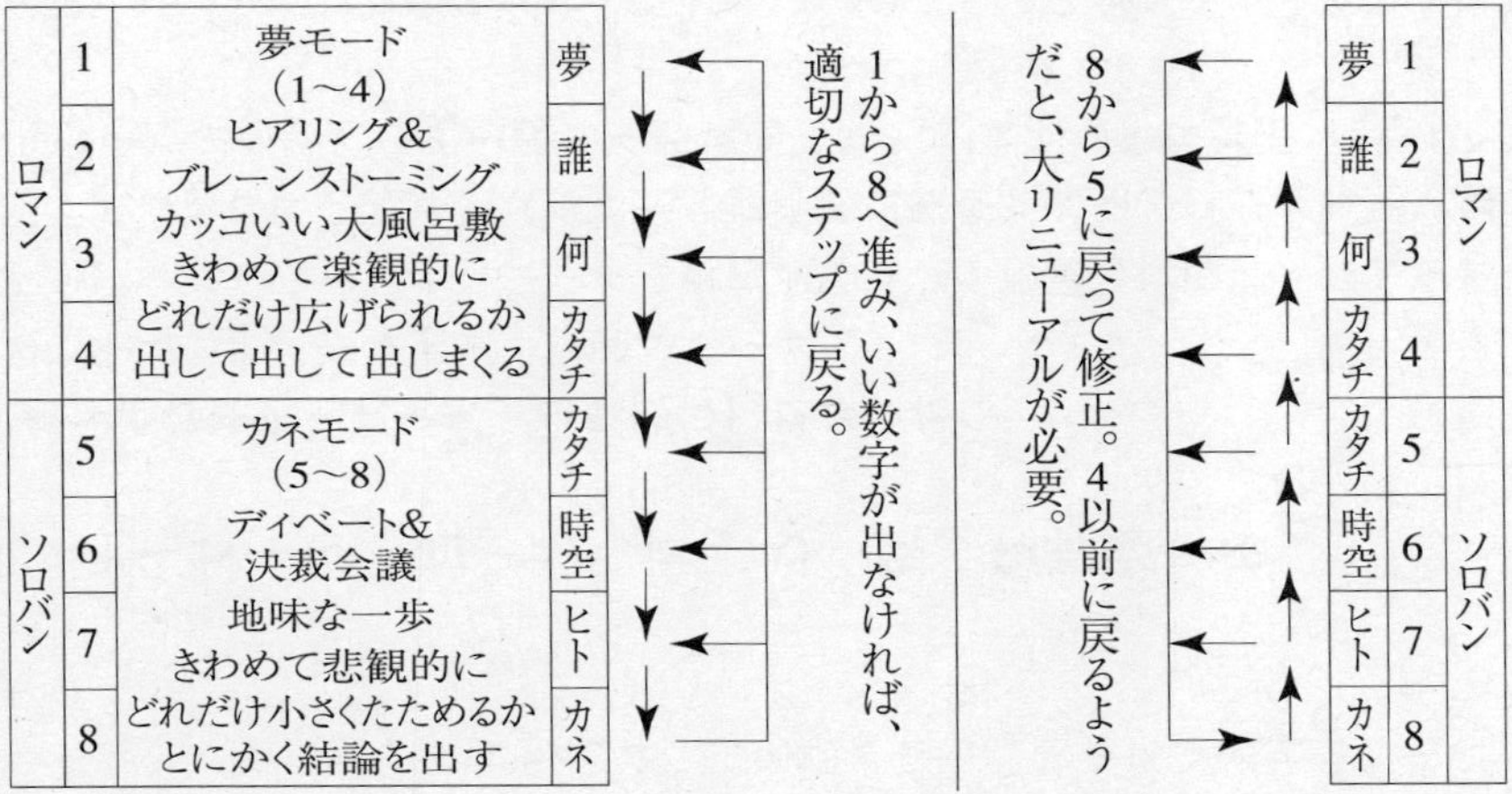

ロマン
1
2
3
4
夢モード
（1～4）
ヒアリング&
ブレーンストーミング
カッコいい大風呂敷
きわめて楽観的に
どれだけ広げられるか
出して出して出しまくる
ソロバン
5
6
7
8
カネモード
（5～8）
ディベート&
決裁会議
地味な一歩
きわめて悲観的に
どれだけ小さくたためるか
とにかく結論を出す
夢
誰
何
カタチ
カタチ
時空
ヒト
カネ
1から8へ進み、いい数字が出なければ、適切なステップに戻る。
8から5に戻って修正。4以前に戻るようだと、大リニューアルが必要。
夢 1
誰 2
何 3
カタチ 4
カタチ 5
時空 6
ヒト 7
カネ 8
ロマン
ソロバン

「じゃらん」は、初の「夢」ブレストから六年かかって、やっと創刊にこぎつけた。しかし、くぐりぬけられずに日の目を見なかったテーマや案件は、山のようにある。

6　ユーザーの「目」と「耳」と「頭」で判断する

◆「偉そうなギョーカイ人」に堕落してはならない

「どうぞどうぞ、事業部長、こちらへ…」

「やめてくださいよ。リクルートが肩書で呼ばないの知ってるじゃないですか」

創刊テレビCFの試写。スタジオの特等席に案内される。コーヒーまで運ばれる。ふだんは企業にぺこぺこ頭を下げてばかり。けれどこの日ばかりはこちらが広告主。

大型スクリーンに映像が流れる。大スピーカーからのサウンドが内臓を直撃する。

「なかなかいいでしょ？　いかがですか？」

「あの〜、ふつうのテレビないですか？　読者の部屋にこんな設備ありませんよ」

結局、17インチのモニターをわざと大スタジオの隅っこに設置。六畳くらいの部屋をイメージして、ふつうの音量にして、床に寝そべって雑誌をめくりながら見ることにする。

大スクリーン、大音響では気づかなかったことが見えてくる。

スティーブン・スピルバーグは自分の監督作品が封切られると、かならず変装して観客席にまぎれこむそうだ。西海岸と東海岸と南部とカナダの四カ所だったか、場所によって拍手も、笑いも、涙も、その対象シーンが微妙に異なるんだ、と真剣に語っていた。

「それを現場で吸収することが次の作品にとても参考になる」

◆「原寸主義」「実物主義」「現場主義」を貫く

カタチづくりも後半。一つひとつ厳しい取捨選択をしなければならない。

「原寸主義」「実物主義」「現場主義」を心がける。モノサシはユーザーの日常。

部分見本はすぐにカッターで原寸に切る。ページ単体では判断せずに、のりやテープやホッチキスで無理矢理一冊にしてしまう。見えなかったところが見えてくる。

さらに一冊単体でもまだあわてて判断しない。他の雑誌と一緒にマガジンラックに並べてみる。平積みにしてみる。単体では見事と思えた色や文字やデザインが、とたんに打ち消しあったり、ぼやけて目立たなくなることがよくある。

書店や売店をイメージしながら、遠くから見る。近づきながら見る。そばに立つ。手に取ってぱらぱらめくる。遠くからはOK。近くに寄るとダメ。またはその逆。あるいは読者の部屋をイメージして、床に散乱させてみる。外見はいいのに開くとダメ…。机で開くにはいいけど、ベッドに横になって開くと疲れる。使い勝手が悪い…。

「送り手」であることを忘れる。恐山のイタコになって、典型的な「誰」を次々に呼び寄せて、その目で見る。その手で開く。その頭で良いか悪いか判断する。

「やだ?」「いい?」。判断の言葉は、二つだけ。

アート・ディレクター(AD)の市川敏昭氏の得意技を盗んだ。「月刊PLAYBOY」創刊からの長いおつきあい。リクルートでも何誌もADをやってもらった。ヘタな理屈をこねちゃダメだ。ユーザーにとっては「いい」か「やだ」しかないのである。

7　最後までマーケティングを忘れない

◆創刊ぎりぎりに「気持ち」を知って大変更

独占A誌に対抗して「フロム・エー」のカタチが定まった。

［A誌］／苦学生の味方――みじめな気分で選びたくない。
判型／B5判――もっとも一般的な雑誌サイズ。
サイクル／日刊――だけど半分以上同じ情報ばっか。
分類／地域別――「西東京でバイト」なんて選び方しねえよ。
記事／なし――味気なくてつまんない。

［フロム・エー］／快汗《かいかん》体験――選ぶもやるも楽しみたい。
判型／ペーパーマガジン――まるでロック誌のように・そして売店でタケノコ。
サイクル／週刊――まずは週刊から。理想は週二回刊（九一年に実現）。
分類／職種別――「就職情報」「とらばーゆ」で手慣れたもの。
記事／一五ページ――少ページでも過激に文化をつくってしまおう。

仕様体裁もかたまり、あとは業務を粛々とこなすだけ。すでに創刊まで一カ月半。
営業が企業データの整理に学生を三〇人くらい一日バイトで呼んでいた。
「え、今どこにいる？　一〇分か二〇分くれないか。せっかくの読者対象だから」

何も考えはなかった。なんか記事の参考になるんじゃないか。コピー用紙の束を持って彼らのいる会議室に向かいながら、歩きながら質問を考えた。

「一枚目は今までやったバイト全部書いてください。二枚目には、やったことはないけど知ってるっていうバイトをみんな書き出してください」

たいした質問じゃない。しかし書いてる姿を見ているうちにもっといい考えがひらめいた。

「書きだしたものをすべてごっちゃにして、好きにグルーピングして、名前をつけて。はい、新しい紙」

しめて一五分かそこら。用紙を回収してデスクに戻って急いで読む。なるほど

「マクドナルド・養老乃瀧・ウエイトレス（笑顔の仕事）」――ま、当たり前だな

「家庭教師・塾講師・水泳インストラクター（教える）」こりゃいいや

「土木作業・運送・エキストラ・徹夜の弁当詰め（とにかくゼニや）」

そして、大声で笑ってしまったのが、これだった。

「パイロット・スチュワーデス・ビルの窓ふき（高い仕事）」

三〇枚の用紙には彼らの日常感覚が充満していた。

「高いところでやる仕事」という分類が実際にはまったく使えないものだとしても、

すぐに使えそうなものがいっぱいあった。

「職種別」より全然こっちの方がいい。「事務」「営業」「販売」…じゃ固いもんなあ。大学の生協食堂で「今度サービス職のバイトやるんだ」とは言わないよなあ。

ぎりぎり創刊直前、急きょ、「職種別」から「興味別分類」へと大変更をした。

「とにかくゼニや」は、「とにかく稼いで自分に投資」に変わって、今も健在だ。

◆すべての市場は「興味別」に向かう

ちょっとしたきっかけで「興味別分類」を発見。そして発行を重ねれば重ねるほど、ものすごく奥深いものだと思った。ユーザーの興味別に情報を並べる。言ってみれば「気持ち分類」である。マーケティングは「気持ちを知ること」と翻訳した。「興味別分類」は、商品にマーケティングを組みこんでしまう分類なのだった。

「夢」と「何」が一致してしまう分類。「自分本位で選んじゃう」分類。

新卒市場は「業種分類」。転職市場は「職種分類」。どちらも供給サイドの分類である。

ただし松永真理にバトンタッチした「とらばーゆ」の女性転職市場では、「フレックス勤務」や「週三日勤務」などの時間軸。「語学が生かせる仕事」などの能力軸。じわじわとユーザーサイドの分類がプラスされていた。そしてアルバイトはすべて

「興味別」。

——市場が成熟すればするほどみんな「興味別」に向かっていくのではないか。

そんな仮説が頭に浮かんだ。

八九年冬。「じゃらん」がカタチづくりの最終コーナーを回っていた。

「スキーに一〇回」「ペンションでわいわいがやがや」

「温泉でのんびり」「はふはふの鍋を食べに行きたい」

こんな言葉を聞くと、「興味別」でいいなと確信する。しかし、一方、

「年に一回は沖縄に」「やはり伊豆だなあ」「小樽か函館に」……。

「方面派」もたくさんいた。業界のカタログもすべて「方面別」が常識だった。

作業も後半。侃々諤々《かんかんがくがく》の議論。「興味別」か「方面別」か。さらに深く聞くしかない。

その一点に絞ってじっくり聞いてみると、人それぞれのたとえば「沖縄」があった。

けっして地理学の「沖縄」ではなかったのである。

典型的な例を二つあげてみよう。前者はご年配夫婦、後者は若いＯＬ。

「かならず那覇市内に泊まる。半日観光して夜は民族舞踊つきレストラン。ひめゆり

の塔をはじめ戦没者慰霊地を次々と訪ねて祈る。息子夫婦には泡盛を買って帰る」
「たいてい同性と三人くらい。リゾートホテル。ストレス解消が目的。日焼けどめを塗ってパラソルの中。一日中文庫読んでぼーっとしてる。ナンパされたら良さげな人と食事だけしてもいいかも…」

自分の「興味」をたまたま「地名」で表現していただけである。

自信を持って「興味別分類」と決めた。

8　ネーミングはいつもドラマの連続

◆大激論の末、「耳」と「口」で決める

リクルートでは、どんなネーミングも社内公募で決める。驚くほどたくさんの案が集まるので助かる。

多田弘實との二人プロジェクト。社内公募で集まった三〇〇〇点あまりの候補の中から二点に絞った。しかし、激論につぐ激論でまったく決まらない。

「とらばーゆ」と「仕事ＢＯＯＫ」。

昼間は企業回りをしているので、だいたい夜メシを食べながらの激論となる。

「仕事BOOKなんてダサイだろう。とらばーゆの方がおしゃれだって」

「ストレートに内容がわかるから仕事BOOKの方が絶対いいですよ」

焼き肉屋で延々と平行線。客も従業員もケンカだと思って遠巻きに見ている。

多田は家に帰る。私は会社に泊まりながら一睡もできずに考える。朝がくる。

「倉っちゃん、おはよう。悪い、悪い、やっぱ仕事BOOKだな」

「え〜っ、とらばーゆの方がいいですよ。一晩寝ないで考えました」

毎日お互いが意見を変えてしまうのでまったく決まらない。ついに最後の手段となった。

狭い部屋で内線電話をかけあって、応対シミュレーションをする。

「じゃ、いくぜ」「(プルルルル)はい、仕事BOOKです。…ちょっと言いにくいなあ」

「(プルルルル)はい、とらばーゆです。…これはいいなあ、言いやすいや」

「よっしゃ、とらばーゆで決まりだ。いいよな」

多田がアーチェリー・インターハイ出場で鍛えた太い腕で握手してくる。手の骨が砕けそうになる。

「フロム・エー」は苦しかった。最初は「X」。表紙に大きくバッテンでいこうと。見本誌もカッコよく仕上がった。しかし、江副から猛反対された。

「いかがわしいんだよ。アメリカでは成人指定の映画のマークだしね…。絶対ダメだよ」

記号にこだわっていたので、アルファベットを見直して「A」にする。江副も賛成してやれやれ。しかし、今度は一文字では登録できないと知る。前置詞をつければと「From」にたどりつく。ゆくゆくは社会人。まずは「Aから」始める。こりゃなかなかいいや。

ところが青山の「フロムファースト」というブランドと類似商号ということが発覚。こちらの法務的な不手際もあって先方は交渉に応じない。すでにあらゆる販促グッズに刷りこんでいた。全員真っ青。代表の池田友之が交渉に行く。

お互いに大の釣り好きだということが判明。釣り談議で大いに盛り上がって一件落着した。

オフィスに帰ってくる池田を全員で迎えて、抱きあって喜んだ。何人かは泣いていたと思う。

◆もう「じゃらん」は創刊できないかもしれない

創刊テレビCFのキャラクターは三宅裕司と決定。九〇年一月二四日創刊に向けて着々と進んでいた。誌名も「JALAN」と決まっていた。インドネシア語で「道」。「じゃらんじゃらん」と重ねると、「ちょっと出かける」から「長旅」まで。いい感じだ。まったく偶然ではあったものの、「ジャパンの真ん中にレジャーのL」なんていう広報トークも用意していた。

亀倉雄策さんがみずから「オレがやろう」と、ロゴタイプもつくり終えていた。

本格的に業界に営業スタート。どこもまずまずの感触。ところが全日空社長秘書室で。

「これは意図的なんですか？」

「は？　とおっしゃいますと？」

「JALさんとウチを並べたわけですか？」

「いえいえとんでもございません。これはインドネシア語でございまして…」

「う〜ん、意図的としか思えませんねえ…」

額から冷や汗がだらだらと流れてくる。確かに言われてみればそのとおり。全日空は3《スリー》レターで「ANA」、2《ツー》レターでは「AN」と表示するのが業界の常識。日本航空は「JAL」か「JL」。名前を決めることに必死になってプロジェクト全員誰も気づかなかった。

「この誌名では一生おつきあいできませんね」

その日から全日空往復の日々が始まった。社内公募の全資料、決裁までのレジュメの数々、汚い手書きメモまですべてお見せして、意図的ではないことを伝えた。

「意図的でないことはわかりました。ですが誰が見てもそう思いますからね」

言われたとたん、ユーザーに見本誌を見せて聞きまくった。

「これを見て、どんなふうに思いますか？」

何十人かに聞くと、確かに一人か二人は思いつく。ごく少数ですよと伝える。それでも納得してもらえない。そんなことを毎日くり返しているうちに、思わぬ発見があった。

「え、じゃらんって読むの？　最初からそうすればいいじゃん」

「ひらがなの方が絶対かわいいよ！」

すでに「JALAN」ロゴでつくった制作物はン千万円単位で費消済みだった。

八九年冬の夜遅く、関係各位を緊急招集した。約四〇名。編集、制作、企画、販売流通回り、宣伝広報関係、広告代理店…、ロゴによって仕事が大きく左右される関係者全員だった。

全日空からクレームがあったこと。対応のプロセス。新たなヒアリングでひらがなの評判がいいこと。急きょひらがなに変更すること。けっして圧力で変えたのではなく、新たなマーケティングによって変えるんだということ。頭を下げた。

いかにも苦しい説明だった。非難の目が集中した。

あれから一七年。今日も売店の「じゃらん」の前で、ひらがなに見とれてしまう。

7章　プレゼンテーション——市場への第一歩

1　右手にロマン、左手にソロバン、心にジョーダン

◆どんな業種でも規模でも、必要となるポイントは変わらない

二〇〇〇年六月。信濃川を見おろす新潟県庁。知事室の中。

平山征夫県知事（当時）は、名刺交換を終えるなり、こんなふうに切り出した。

「倉田さんのような、毛色の変わった人の力をお借りしたいんですよ…」

事務方全員が私の髪を見て笑う。リクルートを辞めて、「生まれて初めてに挑む」一環で美容室も制覇。毎回さまざまな色にチャレンジしていた。この日は金髪だったのである。

経済産業省と新潟県産業労働部の委嘱で、新規事業コーディネーターという仕事を引き受けた。

新潟には縁もゆかりもないけれど、取り柄の「体験」がどうやら役に立ちそうだった。

「髪の色に負けないように、精一杯つとめさせていただきます」

それから丸三年。約二〇〇日通った。主要な町にはほとんど行った。ちゃんと数え

てはいないけれど、新潟県内で交換した名刺も一五〇〇枚はこえたと思う。

仕事は大きく分けて、三つ。

「プレゼンテーション審査」――応募のあった起業案件を審査。優秀なものには資金援助。

「個別指導・相談」――大企業内新規事業、新商品、起業、個人の開業まで。

「集合啓蒙」――講演、パネルディスカッション、勉強会…など。

リクルートになぞらえれば、「RING」と「現場の個別相談」と「社内勉強会」。リ社の新規事業開発室とまったく同じ仕事だ。これまでのノウハウが生かせる。

このように書き直せば、ミッションもそのまま使える。

「豊富な県内資源を生かして
豊富な（はずの）知恵を駆使して
限られた投資を使って
効率よく新規事業を生む（生んでいただく）仕事。
そして、県をこえて、世の中に新しい価値を生み出す」

ある日は燕三条のナイフやフォーク。ある日は地ビール。ある日は佐渡島の焼き物。ある日は長岡技術科学大学と半導体メーカーの産学連携。ある日は柏崎商店街の復興。ある日は東京の大企業からUターンした青年のSOHO（スモールオフィス・ホームオフィス）立ち上げ。ある日は…。

ありとあらゆる業種・業態のプレゼンテーションを受けながら、初めての知識、技術、商品にとまどう。必死に勉強する。しかし業種や規模や商品が変わっても、本質は変わらない。

説明するプレゼンテーターの顔を見る。「ハングリー」なのか、「好きもの」なのか。どちらでもないのか。上司からオーダーされたので仕方なくやっているのか。

市場の声に耳を傾けたか。重要なグチを集めることはできたか。やさしい言葉にまとめられたか。それを裏返して「夢」にまで昇華できているか。

その夢に「カタチ」を近づけることができたか。声を聞かずにつくってしまっていないか。

そして、全プロセスと初めの一歩を、どれだけ現実の「数字」に落としこめているか。

◆新潟は「ブツ」が先。東京は「口」が先

東京に戻って何社かの経営相談に応じる。また、リクルートの現役や独立したOB

にアドバイスを求められる。新潟と東京では、相談するスタンスが百八十度違う。見事に違う。

「ちょっとこれを試食していただけますか？」

新潟では対面するなりすぐに「ブツ」が置かれることが多い。社長と商品開発部長が見守る中、爪楊枝《つまようじ》で試作品を口に入れる。咀嚼《そしゃく》する。味わう。まだ飲みこんでいないうちに、

「どうです？ 先生、売れますか？」

「（もぐもぐ）…ちょっと待ってください。（もぐもぐ）…先生はやめてください」

つまみなのかおかずなのか。誰のどんなシーンを想定してつくったのか。「誰」の「何」か。

「それを、先生にお聞きしようと…」

「そりゃあ、順番が逆ですよ。それと、お願いですから先生って呼ばないでください」

歯車、キノコ、ニットのセーター、チタンの製品…。ブツがどんと置かれて聞かれる。

「どんなところに売れそうですか？」

る。インターネットで商売をしようという青年起業家でさえ、まずモニター画面を見せる。

商社や卸問屋にまかせっ放しにしないこと、みずから聞き回ることをいつもおすすめする。

アドバイスに忠実にどんどんヒアリングを重ね、なんとか突破口を見いだす方も現れ始めた。

東京では立て板に水の説明から始まる。まずは口が先。きれいなレジュメもそろっている。

「…ビジネスフレームで、…二年目にフェイズを変えて、…三年目にナスダック上場を…」

「で、実際にカタチにしてみたの?」

「それは今日のご意見をお聞きしてからにしようと思いまして…」

無骨な新潟と流暢《りゅうちょう》な東京。両者が合体したらいいプレゼンになるのになあと思う。

結局、「カッコいい大風呂敷と、地味な一歩」がそろっているかどうか。

「カッコいい大風呂敷(夢・ロマン)」を、どれだけ大きく広げることができたか。

「地味な一歩(現実・ソロバン)」に、どれだけ小さくたたみこむことができているか。

二つをつなぐのが「カタチ」である。ロマンから導き、ソロバンで裏打ちした「カタチ」。

そして、どうしても生み出したいという本人の熱意。やるのは自分しかいない。そんな強い情熱があれば、苦しい創業期もジョーダンで笑い飛ばしながらクリアできるだろう。

右手にロマン、左手にソロバン、心にジョーダン。この三つが、起業の絶対三条件だ。

そして、そのままプレゼンテーションに必要な三条件でもある。

2　「全員賛成」では、市場は創造できない

◆ワンマン決裁と合議決裁、どちらも一長一短

朝刊を開いたとたん、江副浩正の顔が大きく目に飛びこんできた。

「リクルート裁判13年」というタイトルのインタビュー記事（日本経済新聞二〇〇三年二月二三日付朝刊）。

《捜査に当たったある検事は、取締役会の議事録すら提出しなかったリ社ぐるみの徹底抗戦ぶりを厳しく批判。こうした姿勢が裁判長期化の一因となったとも指摘する。

「当時のリ社は取締役会の議事録はつくっていなかった。（略）」》

まったくそのとおり。議事録なんてなかった。八〇年代前半までは役員会さえタテマエで、会社の廊下や宴会の会場で江副社長個人に決裁をとっていたことは、すでに書いたとおり。

「リ社事件」を境に、あらゆる制度を見直し、会社組織らしく整備した。二代目の位田体制になってからは、新規事業の案件は、通常の取締役会議とは別に「経営会議」を開いた。

どちらにも長所があり、短所がある。

江副時代は決まるのが早かった。それこそ廊下やトイレで決まった。ところが、江副が納得しないもの、好まないものは、めちゃくちゃハードルが高くなった。

「フロム・エー」のように何度も何度も再チャレンジしなければならなかった。

位田体制での経営会議は、民主的だった。出席者全員が均等に発言した。江副時代なら絶対に通らなかった「じゃらん」なども、将来性を見すえてGOサインが出た。

その一方で持ち越しとなる案件も多かった。一人でも強い反対があると「次回持ち越し」となった。プレゼンテーターは、憮然《ぶぜん》とした表情で会場をあとにした。

ダブルスクール情報誌「ケイコとマナブ」も、結婚情報誌「ゼクシィ」も、金融情報誌「あるじゃん」も、何度も何度も持ち越されて、やっと決まった。

それでも位田体制の約一〇年間（八八年一月～九七年六月）に、二〇の新規事業が立ち上がった。

合議制といいながらも、明日のリクルートへの、位田の強い意志がこめられていたと思う。

私はこの期間、ちょうどその半分の一〇の案件を担当したことになる。

◆「市場創造型の商品」ほど、猛烈な反対にあう

いつも立ち上げしかしてこなかったので、参考になるものなら何でも貪欲に吸収した。

学者や専門家の本に答えは書いていない。アカデミズムにあるのは「恋愛論」だけ。きれいに整理された概念だけ。それでも読む。買うのはもったいないので、本屋で立ち読みする。

実際の恋愛に役立つのは、現場のホントの恋愛ケーススタディーだけだ。

「へ～、そんなふうにしたんだ。それじゃ、オレもやってみようかな、モテるかな」

他社に新しい動きがあると、興味津々でウオッチする。関係者に会えれば、根掘り葉掘り聞いてしまう。会えなくても資料を取り寄せる。ドキュメント本が出れば買う。二読、三読する。

「ベルーフ」の創刊号から「ベスト・ヒット・ストーリー」という連載をスタートさせた。

「ソニーのウォークマン」「ホンダのラッタッタ」「ユニ・チャーム」「タカラのチョロQ」…。大ヒット商品の開発者に次々とお会いして話を聞いた。読者に喜んでもらうのが第一義ではあるけれど、立ち上げ屋としての自分の実益でもあった。

恋愛が人それぞれであるように、ヒット商品もそれぞれ。個別の市場があり、個別の社内事情があり、個別の開発ストーリーがある。しかし、共通点も見えてくる。

市場の風景をガラッと変えてしまうような「創造型商品」であればあるほど、社内外からも、世間からも猛烈な反対にさらされるということ。

「客に商品をレジまで運ばせるなんて非常識だ」――主婦の店ダイエー

「歩きながら音楽を聴くとはなにごとだ」――ウォークマン
「そんな小さな生理用品は、不良品じゃないか」――ユニ・チャーム
「ちゃんと貼れない付箋なんて何に使うんだ」――ポストイット
「ウエイトレスがコーヒーを運ばないなんて」――ガスト
全員合議、全員賛成にこだわると、いいものは生まれない。新しい市場を創造することはできない。

3　江副浩正という男

◆いつも「市場」の上で柔道をしているようだった

八九年までのすべての案件に、江副浩正が大きく立ちはだかっていた。大きなことから小さなことまで、さまざまなディベートをした。高尚な議論もあれば、相手を負かすための単なるロゲンカまで…。考えてみれば、江副もハタチから働き始めているのだった。

学生時代に始めた会社。新事業や新商品が好きで好きでたまらない。

「とらばーゆ」創刊以来、どの新事業についても江副との激しいディベートがついて

回った。決裁まではもちろん、スタートしてからも。職場はのぞきに来る。内線電話が突然鳴る。

「今から社長室に来てくれ！」

立ち話で一時間。電話で三〇分。社長室で大声で。もちろん役員会議でも。

そのツッコミは「お、さすが」と思う時もあれば、「なんという屁理屈」と思う時もあった。議論しているとどちらも大声になる。周辺のメンバーが心配する。しかし、激しく怒鳴りあいながらも、どちらも時々ニヤリとしながら論争を楽しんでいるのだった。

なんとなく柔道かボクシングのようだった。どんなに激しくてもスポーツ感覚。

「市場に受けるか」

「価値を生むか」

「その価値は利潤を生むか」

そんな暗黙のシンプルな対戦ルールだったと思う。データ収集。経験の蓄積。エピソードの引き出し。日頃から地道に鍛えておかなければならないところもスポーツに似ていた。

◆柔道の乱取りは、プラグマティズムの稽古

愛読書がピーター・F・ドラッカーだと知ってから、あわてて何冊も何冊も読破した。

小さな体験談から大きな市場予測へと、一気に飛躍させるのが彼の得意技だった。見事な展開だと、こちらも「さすがだなあ」とうならされてしまう。

しかしこちらが優勢で、江副の形勢が不利になると、ずるい手もよく使った。急にイスから立ち上がって発言したり、「年寄りの言うことは聞くもんだ」と言い出したり。

彼の苦手はユーザー市場だった。どんな経営者も年齢とともにユーザーから遠くなる。

電車に乗らず、昼の繁華街を歩かず、ゴールデンタイムのテレビも見なくなる。ハイヤーに乗り、財界とつきあい、側近が「イエス」としか言わなくなる。

そうしているうちに彼も「ユーザー市場」から遠くなっていった。

一二年間の柔道の乱取りから学んだのは、「論より証拠」「花より団子」ということだったと思う。

おしゃれに言うなら、プラグマティズム。事実、経験、実践、具体、方法、そして数字だった。

同じ立場から「商人は絶対に政治には関与しない」と何度も言った。商売《あきない》優先ということ。

しかし、「政」も「官」も巻きこんで事件が起きた。まさかと思った。まったく腑に落ちなかった。マスメディアが何を報道しても、中にいた当事者としては的外れでしかなかった。

柔道の後輩として、もう一人別人の江副という男がいるとしか思えなかった。

4　伝説となった「フロム・エー」のプレゼン

◆いても立ってもいられずに手紙を書く

「とらばーゆ」創刊直後から、勝手にアルバイト情報誌の手製見本をつくり始めた。退社のタイムカードを打ったあとの作業だ。ヒマさえあればヒアリングも重ね、試作品をふやしていった。

八二年。専務の池田友之の了解のもとに正式にプロジェクトが発足。担当課長は道下勝男（現在エグゼクティブ・フリーター）。しかしたて続けに二回、役員会議で否決される。

次の役員会は軽井沢と聞いて、今度こそお願いしますと、池田のデスクの上に手紙を置いた。

市場分析・商品理念・編集方針・仕様体裁・ネーミングなどをびっしり書いて、こう結んだ。

《池田さん、お願いします。

以上のべてみましたが、こういったものに論理はないものとも思います。「絶対うける」と感じる。それでは何の説明にもならないと思いましたので、その「感じ」をできうるかぎり分析してみました。

先日、若者がよく集まる酒場で一人で飲みました。この二年間、ちょくちょく大学のキャンパス、生協、食堂にもぐりこみました。いろんな人間が群れ集まり、いろんなアクションを起こしていましたが、そこで形づくられている「ムード」「空気」のようなものはずいぶん参考になりました。自分自身の四十数種類のバイト体験も思い返してみました。

この二年間で吸収した、その「感じ」をお伝えできない表現能力のなさに歯がゆい思いでいます。軽井沢での事のなりゆきが心配で、書いている今も何をどうしたらいいのか、いても立ってもいられません。（中略）どうぞよろしくお願いします。

昭和五七年九月一〇日　Aプロ　倉田　学》

道下と二人で、帰ってきた池田をつかまえる。何も言わずに池田は受話器を手にした。

「あ、江副さん、例の件なんだけどね、道下も倉田も納得しないんだよ。もう辞めてやるなんて言い出して、どうしようもないんだ。うん、うん、そう。怒っちゃってんだよね。ついては次の役員会で彼らに一五分だけ時間をもらえませんか。ありがとうございます。一五分だけね」

三度目の否決。しかし池田にかみついているヒマはなかった。一五分間のプレゼンをどのようにやるか。頭はそっちに向かっていた。課長や平社員が役員会に出席するのは異例のことだった。

◆決裁テーブルを走るチョロQ

道下と私と営業部長児玉光士（当時）の三人のプレゼン。綿密なシナリオを組んだ。座る位置も、役割分担も。道下が進行役。最年少の私は、とにかく感情をむき出しにすればいいということになった。児玉がそれをとりなす役割。

「江副さん、これをご存じですか？」

道下がポケットからチョロQを取り出して、テーブルを走らせる。江副と道下は、細長～い会議テーブルの端と端に座っている。シナリオどおりだ。走るチョロQを全役員の目が追う。

スーッと走っていったチョロQは、うまいぐあいに江副の手におさまった。

「知ってるよ。大ヒットしてるんだよね」

「さすがですね。ご存じなら話は早い。チョロQと同じ発想でいこうと思ってるんですよ…」

アルバイトは「軽薄短小」ではあるけれど、日本経済にとってすでに重要な「機能」をになっていること。チョロQが先発のクルマのおもちゃを抜き去ってしまったように、われわれもA誌を斬新なつくりで抜き去れること。

道下が論理を展開していく。

質議の応酬になって、江副の猛反論が始まった。他の役員はほとんどしゃべらない。池田もあえて一言も口をきかない。打ちあわせどおりだ。あまり味方をすると逆効果だろう、と。

「人のやらなかったことをやる」というのが江副の口癖だ。やはり後発というリスクがいちばんの反対理由だった。水掛け論の応酬が延々と続いた。約束の一五分がすでに一時間をこえた。

◆かえりみて「自分の非」を認める経営者のいさぎよさ

「仮にやるとしてもその誌名案はおしゃれすぎるよ。ジャンプなんてどうだい?」

「毎週何百万部も出ているコミック誌がすでにあるじゃないですか、江副さんはそんなことも知らないんですか」

ちょうどコーヒーを飲みかけていた私の受け皿が、怒りでカタカタと音をたてた。

「ま、ま、倉田、おさえて、おさえて」

児玉は、役割に忠実に、おっとりと、とりなす。

「ご存じですか。道下は越谷、倉田は分倍河原に住んでるんですよ。そんなにおしゃれじゃありませんよ」

江副以外の役員が全員ふきだす。なんてうまいボケだ。私も怒りを忘れて、笑ってしまう。

場がなごんだところで、役員たちが次々に口を開いた。

「どうです、江副さん。これだけ情熱持ってやりたいって言うんだから、やらせてみては…」

「ええ、私もそう思います」「私も…」

ずっと黙っていた役員がみんな賛成に傾く。固唾《かたず》をのんで、江副の発言を待つ。

「こういう決まり方っていうのは、私は遺憾に思うんだけど…。ま、皆さんがそれほど言うのであれば…」

ここまで聞いたところで本能的に立ち上がっていた。池田も児玉も道下も私も。

「ありがとうございます。頑張ります。いい事業にしてみせます」

銀座八丁目ビルから東新橋ビルへ躍るように走って戻り、プロジェクト・メンバー全員と抱きあって喜んだ。

地獄の苦しみの初年度をくぐりぬけて、二年目。名実ともにA誌を抜き去った。

二周年を祝うフロアの人だかりの中で、江副がスピーチをした。

「私はずっと反対をしていました。まさかこれほどまでになるとは…」

ぺこりと頭を下げた。立派な経営者の態度だなあと思った。

目頭が熱くなった。

5　会場を「市場」の空気で充満させる

◆プレゼンとは、親に結婚の許可をもらうこと

なんでも恋愛にたとえないと深く理解できない性質《たち》なので、プレゼンテーションに対してもそうしてきた。

プレゼンとは、親に結婚を認めてもらうことだ。

「すごくいい彼（市場）を見つけたの。

気持ち（マーケティング）もしっかり確かめたの。

いたらないところ（グチ）もあるけど、大きな夢（ロマン）も持ってるの。

彼のおかげで私も成長したのよ（感情移入・ユーザーオリエンテッド）。

彼となら社会的にも（ロマン）、経済的にも（ソロバン）、いい家庭（事業）が築いていける。

彼と結婚できたら、こんな赤ちゃんができるのよ（カタチ・商品見本）。

三年間くらいで（先行投資）、ちゃんとやっていけるようにするから（黒字化）。

私、本気よ。絶対うまくやっていくから。真剣なんだから（情熱・ジョーダン）。ね、お父さん、お母さん（経営陣）、お願い、いいでしょ？　いいでしょ？（プレゼンテーション）」

そして、「ロマン」や「ソロバン」や「ジョーダン」の検討が始まる。もちろん「カタチ」の検討も。

「恋は盲目。のぼせてるんだろ」――ロマンへの反論

「ずっと貧乏暮らしが続くに決まってる」――ソロバンへの反論

「たんなる一目ぼれだろ」――ジョーダンへの反論

恋愛にたとえてやっと腑に落ちた。やっぱり親には了解してもらわないとな、と。若い頃はプレゼンは無駄な時間だと思っていた。徹夜徹夜の連続だったせいもあるけれど、なんで社内にこんなエネルギーを使わなくちゃいけないんだ、と。このパワーを外に向けた方がよっぽどいいじゃないか、と。親の助けなんかいらない。いわば「駆け落ち派」の心境だった。

三〇なかば過ぎから気持ちが変わった。いかに「彼」をきちんと紹介できるか。そうすることでより冷静に整理もつく。わからず屋を相手に話すことこそ、市場への第

一歩になるんだ、と。

実際の結婚の場合も、たいてい「彼に一度会ってみなければ」ということになる。「彼がどんな人物なのか、ちゃんと顔を見て、気持ちを聞いてみないとな」

仕事のプレゼンテーションも、やはり「彼」を会場に連れてこなければならない。会場に「市場（彼）」の空気を充満させること。それが説得の重要なポイントになるのである。

◆プレゼン会場に色とりどりの左官服が仁王立ち

「お前、こんなとこで、何、仕事してんの？」

馴染みのカウンター・バーに大野誠一（現松下電器産業eネット事業本部）がいた。恐ろしい形相でなにやら書きこんでいる。三人分のスペースを独占。資料が散乱している。

「今度のガテンの経営会議資料ですよ。あ、ちょうどいいや、倉田さんも出席しますよね」

「勘弁してくれよ。めったにないプライベート・タイムなんだぜ、こっちは」

そうは言いながらもアドバイスをしてしまう。焼酎ロックとつまみだけの遅い夕食をとりながら。

大野は既存事業を兼務しながらの「ガテン」創刊プロジェクトだった。だからフロアを逃げ出して、一人、酒場で資料づくりをしていた。

経営会議当日。審議する側の一人として私もテーブルにつく。大野を含めた発案者、経営会議の委員、出席者全員でテーブルがびっしりと埋まる。

さて会議を始めるかという時に、突然、カラフルな集団がどやどやと会場に入ってきた。

「何だ、何だ」

役員の一人が声をあげる。

紫、黄色、赤、青、緑。色とりどりの左官服を着た連中だ。菜っ葉服もいれば、ヘルメットをかぶった工事現場風もいる。手に手にプレゼンテーション・ボード、商品見本、ロゴタイプ見本を持っている。会議テーブルのまわりを、仁王立ちにとりかこむ。役員全員からくすくすと笑いがもれる。

「ガテン」は現業職を対象とする求人情報誌。お固いプレゼンテーション・ルームに、彼らユーザーの空気をそのまま持ちこんだのだった。一九九一年九月二六日。「働いて強くなる」というキャッチフレーズで「ガテン」が創刊された。

6 「なぜやるの？」「いくらもうかるの？」「君がやるの？」

◆「ロマン」「ソロバン」「ジョーダン」は審査基準でもある

一挙に二〇〇〜二五〇件の応募書類が集まるＲＩＮＧ審査。このシーズンになると、日曜・祝日を全部つぶして自宅で書類を読みこんだ。みんな必死なので一件何十ページというものばかり。別添資料五〇ページなんていうのもざらだった。気になることを箇条書きメモにする。準備万端。審査にのぞむ。

「すいません、バージョン・アップしましたので、お配りします」

結局、当日プレゼンを受けながら、新たな資料を短時間に読みこまなければならなくなる。耳で発言を聞きながら、目は資料を読む。ホントは話す表情をちゃんと見たいのだけれど…。

場数を踏むうち、なんとかコツをつかんだ。パターン化された応酬ができるようになった。

まず最初の二〜三ページを見る。たいていロマンが書いてある。

「高齢化社会に向かって」「金融完全自由化に向けて」「デジアナ社会の到来」…。しゃべりもマクロな社会状況や明日の夢。中をとばして最後の二〜三ページを開く。そこにも冒頭と同じことが書いてある。「自然環境とリサイクル社会」とかなんとか…。質問が決まる。

「どうやってもうけるの？」

「うっ、それはその、第一次審査なので、まずは向かう方向性を確認したくて…」

今の例が全ページ「ロマン」。逆にアタマもケツもびしっと数字の表組みが並んでいる場合は、

「なんでこの事業をやるの？　世の中をどうしたいの？」

理念やビジョン、社会的価値を問う。ちょっとでも価値がなければ、もうかるわけがない。

冒頭にロマン、最後にソロバンがそろっていると、中身の検討に入ることができる。

市場分析はどうか。マーケティングは。とくに「不」のつく日本語は収集できたか。やさしい言葉にまとめられたか。つまり市場の課題の的は絞れたのかどうか。

「誰に」「何を」「どんなカタチ」で提供して、「どんな夢」を実現するのか。

プロセスの1〜4。

国語問題を問う。言葉づかいをチェックする。大丈夫なら次へ。

「そのカタチ」にどれだけの「時間と空間」と「人と組織」を使うのか。

それがどのような「P／L（損益）やB／S（貸借）や三カ年計画」となるのか。

プロセスの5〜8。

算数問題を問う。数字に妥当性があるかどうかをチェックする。

ここまでくれば上位入賞も近い。しかし、最後にもう一つだけどうしても聞いておきたいことがある。

「もし入賞したら、君がやるんだよね？」

「いや、その…、私は資料をつくっただけですので、誰かがやってくれると…」

それじゃダメだ。どんなに優秀な企画書も、実行する人間がいなきゃただの紙切れにすぎない。

好きです。やりたいんです。愛情。意欲。情熱。心に「ジョーダン」を持ったそんな当事者がいないと始まらない。

◆用意周到な資料などなくても、「人」が説得力を持つこともある

二〇〇二年一〇月。新潟スタジアム。愛称ビッグスワン。その中の小ホール会場。「アントレがジャイアント」というイベントが行われていた。県内有力企業の代表や支店長がエンジェル（起業支援家）となる。起業を志す若者が彼らの前でプレゼンをする。質疑応答の後、気に入った案件があれば、エンジェルは挙手をする。支援はヒト・モノ・カネ・情報、何でもよし。

にいがたSOHO（新潟市内在住のSOHO集団）主催。新潟県中小企業振興公社（当時）協賛。

私は、エンジェルとプレゼンテーターをつなぐコーディネーター役だった。

ふだん私がやっている行政主催の審査とは違い、すぐその場で答えを出す。迫力があった。

次々と若者が立つ。みんなモニター画面を使う。この日のために用意した周到なプレゼン資料である。

「まだまだ練ってほしい面は多々ありますが、ぜひ営業先を紹介しましょう」

「うちのデータベースが使えそうですねえ。提供しますので、共有しましょう」

それぞれの案件に最低一人のエンジェルが手を挙げる。いい滑り出しだ。

「私は、花火師です」

一人の青年が立った。モニターを使わない。配られた資料もＡ４で二枚だけ。

「ＮＨＫのテレビを見てましたら、長岡西病院の末期ガン患者の病棟が出てきまして…」

長岡の花火を楽しみにしながら亡くなってしまった患者。自分はその長岡の花火を毎年つくってきたこと。テレビを見てショックを受けたこと。法人頼みの定例の花火大会では個人需要が満たせないこと。友人の結婚式に三発だけ打ち上げたら大感激されたこと。すでに独立していること。個人ユースに絞って花火を打ち上げていきたいこと…、などなどを訥々《とつとつ》と話す。

「いちばん小さい３号玉で五〇〇〇円ということですが、それで採算は成り立つんですか？」

「通常の半額以下ですが、十分、成り立ちます」

花火ってそういう原価構造だったのか…、知らなかった…、などとエンジェルたちがざわつく。

「あなたが成功したら、既存の花火大手が参入してきませんか？」

「無理だと思います。花火師は、代々、一度も営業というものをしたことがありませんから…」

エンジェルからの質問が、ひっきりなしに飛びかう。

「質問が尽きないようですがお時間がまいりました。それでは挙手をお願いします」

司会の声にエンジェル全員の手が挙がった。つい私まで手を挙げてしまう。

立派な資料などなくとも、「人」が立って話をするだけでも説得力を持つという好例だった。

なおかつ「ロマン」も「ソロバン」も「ジョーダン」も、ちゃんとすべてがそろっていた。

彼の名前は、鈴木明朗。会社名は、明鼓《あけつづみ》煙火《えんか》店《てん》。

「メモリアル・ファイアー」というサービス名で、二〇〇三年三月から営業を開始している。

7　決裁する一人ひとりをプロファイリング

◆決裁者一人ひとりの「癖」を見抜いておく

「あの専務はかならず一般管理費をついてくるから、もっときちんとしておかないと…」

「見込み客はあるのかって、かならず常務が言うぜ。あと五社くらいは訪問しておこうか…」

どんな会社でも、プレゼン前にそんな会話があると思う。

リクルートを辞めてだいぶたつ。この際だから胸に秘めていたことをばらしてしまおう。

「これ、見てください、倉田さん、すごく面白いですよ」

ある日、新規事業開発室のメンバーが何枚かの紙を持ってきた。

「すごいなあ…、FBI心理捜査官も真っ青じゃないか。プロファイリングだな、これは」

左肩に役員の名前。Aさん。一面、細かい文字でびっしり埋めつくされている。

過去数年間の経営会議でのAさんのコメントが、時系列に並んでいるのだった。

「それぞれの経営会議資料を、個人名でソートできるようにしたんです。これがBさん、これがCさん、全員分ありますよ。これが位田さんのです」

「なるほど、こりゃすごいや。カラダでわかってても、テキストになると迫力が違うなあ。ほら、Aさんを見てみろよ。やっぱり数字、数字、数字だな」

「この時だけは、もっと人に喜ばれるものを、って」

「この会議はAさんの大好きなジャンル。自分マーケティングの発言をしただけだろう」

「Aさんって、いつもこんなに否定発言しかしないんですか？」

「成功したらいつも黙ってる。うまくいかなければ、私があれだけ言ったのに、ってね」

「そんなの誰だって言えますよ。ズルイですよ。経営者失格じゃないですか」

「お前、それは言いすぎだろ」

「Cさんを見てください。かならず最初に、資料がぶ厚すぎるって、おっしゃってます」

「A4一枚だけにしろって言うのが口癖だもんな。しかし、ホントにかならず毎回だなあ」

まるで判でも押したように、役員それぞれがいつも同じ発言をしていた。

決裁者一人ひとりの「強み」や「弱み」や「癖」が、驚くほどくっきりと浮かび上がった。

「売り上げ重視派」「利益重視派」「利益率重視派」「原価・経費重視派」「顧客重視派」「ユーザー重視派」「生産性重視派」「単年度黒字重視派」「累損解消重視派」……。

大きく分けると、やはり「ロマン派」「ソロバン派」「ジョーダン派」の三タイプとなった。

以降、相談に訪れるプレゼンテーターには、それをもとに傾向と対策をアドバイスした。

経験と勘に頼るしかなかった高度な経営判断業務も、このようなデータを地道に真面目に蓄積していけば、ある程度の言語化、ある程度の汎用化ができるのではないだろうか。

経営ボードを構成する役員個々人は、おそらく難色を示すだろうけれど。

◆鍵となる重要な「言葉」は、最低二パターン用意する

しつこくくり返すけれど、開発の前半は「国語」の作業である。

したがってプレゼンテーションも、最低半分の時間は「言葉」が問題になる。「言葉」に説得力がないと、プレゼンも台なしになる。決裁者一人ひとりの胸に響かないとまずい。

ところが「言葉」は、人によって百八十度好みが違う。いかめしい漢字の熟語を好きな人。しゃれたカタカナ用語が耳に心地よい人。ふつうのビジネス用語を使い慣れている人。

「ひらがなのススメ」は、開発を進めるプロセスでの話だった。その重要性になんら変わりはない。

開発現場では、ユーザーがふだん使っているやさしい日常用語でまとめる。商品に落としこみやすくなるし、営業現場でも使える。宣伝広報にそのまま使える場合もある。

アサヒ・スーパードライの「キレ」という言葉も、きっとユーザーヒアリングの段階からすでに出ていた言葉だろうなと思っている。立ち上げ屋としての直感だ。試験管を持つ開発者にとっても、酒販店を回る営業マンにも、きっと便利なキーワードだったろうなと推察する。

そうはいっても、プレゼンに出席する決裁者全員が、ユーザー対象になることなどまずない。

つまり、ユーザーの日常用語一本だけで押し通すのはけっして得策ではない。

「私の彼（市場）の言ってること、なんでわかってくれないの！」

そんなふうに突っぱるよりは、役員の好みを考え、通じやすい言葉に翻訳して、添えた方がいいということだ。

たとえば、「ロマン」「ソロバン」「ジョーダン」という言葉。

いろんな相手に使ってきたけれど、実は別バージョンがある。ふつうのビジネス用語なら「理念」「収益」「意欲」。これは受けないので使わない。二〇代、三〇代が相手のときは、「良くしたい」「得したい」「面白くしたい」。ミスチルの桜井和寿かドラゴン・アッシュの降谷建志のように、ラッパー風にしゃべると笑いもとれる。

六〇代、七〇代以上の社長さん、会長さんには、「夢」「金」「愛」の方がうなずいてもらえる。

「ロマン」「ソロバン」「ジョーダン」は、全階層に評判がいいので、本書でも多用している。

8 小さく生んで、大きく育てる

◆社会の利益を、事業の利益とする

リクルートに入社したら、いろんなキーワードが飛びかっていた。

「顧客に聞け」「走りながら考えろ」「フィードバック」「変化に即応」「朝令暮改」「加点主義」「ピンチをチャンスに」「秩序より混沌」「まずやってから言え」「皆経営《かい》

者主義」…などなど。

「飲んだら遅刻するな」なんていうのもあった。

私は毎晩飲んでいたので、必死だった。毎朝、地べたをはって出社した。

立ち上げにかかわるキーワードも、いくつもあった。

「人のやらなかったことをやる」

創業時からの精神だ。後発の「フロム・エー」が成功してからは、さらに言葉が加わった。

「すでにあるものは、人とは違った方法でやる」

確かに「理念」も「カタチ」もA誌とまるきり違う方法をとったからこそ、アルバイト市場にイノベーションを起こせたんじゃないかと思う。だからこそ、その結果としての利潤も得られた。

「健全なる赤字」

単年度黒字に向かって、先行投資の苦しい初年度、二年目。この言葉はとてもありがたかった。

「小さく生んで、大きく育てる」

闇雲にヒアリングを重ねる。明日に向かっての潜在市場を探り出す。きわめて地道な作業。

「今は小さいけど、こうすればきっと大きくなる」

そんなふうに自分を鼓舞しながら、あてのない作業を続ける。勇気が出てくる言葉だった。

プレゼンテーションの場でも、市場の現状や初年度のサイズは、ほとんど問題にされなかった。

問われるのは、今後大きくすることができるかどうか。将来の市場予測だった。

ドラッカーの考え方がベースにあるのは間違いないなと思った。

《利潤追求という観点から事業を定義したり、説明したりすることはできないということである。（略）事業の目的は事業それ自身にあるのではなく、事業をその機関とする社会の中になければならない。かくして、事業の目的についての正しい定義はただ一つしかない。それは、顧客を創造するということである。》（『現代の経営』P・F・ドラッカー著／現代経営研究会訳、ダイヤモンド社）

それを証明するかのように、こんな言葉もよく聞いた。

「社会の利益を、わが社の利益とする」

少なくとも在籍した二〇年間は、そんな考え方が等しく経営のバックボーンになっていたと思う。

立ち上げの現場にも、プレゼンテーション会場にも。

離れて久しいので、今のリクルートは知らない。

◆「大きい子を養子にもらって、今すぐ大きくなりたい」

とある銀座の喫茶店。渡されたレジュメは全ページ「ソロバン」でできていた。

「…というわけで、来年度この数字までいかないと、株主も投資家も黙っていないんです…」

「それで、この新サービスは、誰を想定したサービスなの？」

「う～ん…、やっぱダメですかねえ…」

「ダメだなんて言ってないよ。オレは聞いてるだけだってば…」

「幹事証券会社に見せたら、それなりに好評だったものですから…」

別の日。恵比寿の喫茶店。カラープリントのきれいな概念図がたくさん並んでいる。

「ご覧のとおり、X社と当社は、ちょうどビジネスモデルが補完しあっていて…」

「……」

「X社とアライアンスを組もうかな、と…」

「なんでカタカナで言うの？　提携じゃダメなの？」

「いや、その…、最近は皆さんこう言うので…」

「ごめん、ごめん、よけいなツッコミして」

「それで…、管理セクションとか、共通部分はもっとスリムにしてですね…」

「X社と組むことによって、どんな価値が生まれるの？」

「価値って言いますと…、あっ、株価でしたら間違いなく上がると思いますよ」

上場がからんだ話は、徹頭徹尾「ソロバン」の話が優先する。それでうまくいくならそれに越したことはない。けれど、あまりうまくいった話を聞いたことがない。

「小さく生んで、大きく育てる」精神とは、まったくかけ離れている。

「大きい子を養子にもらって、今すぐ大きくなりたい」とでもいうのだろうか。

その顔はまったく顧客に向いていない。株主や投資家、幹事証券会社の顔色をうかがうばかり。

ユーザーの不平不満を徹底して排除し続けること。そこから裏返しの満足を発見すること。そして、それをなんとか実現していくこと。

ごく当たり前の努力に、業績も株価もかならずあとからついてくると思う。

そう私は信じている。

8章　起業——夢を見すえて変化に即応する

1　すべては「とらばーゆ」から始まった

◆製本機の前で卒倒しそうになる

一九八〇年二月二〇日深夜。凸版印刷板橋工場。

多田と二人で「とらばーゆ」創刊号の製本に立ち会う。ドキドキしながら応接室で待つ。つくっている時は妊婦の心境だった。ここまでくると病院の待合室の父親の心境だ。

「週刊プレイボーイ」もここで印刷していた。締め切りを過ぎてこの工場の一室で原稿を書く野坂昭如さんに届けものをしたことがあった。その脇で邪魔にならないように音もたてずに弁当を食べたことを突然思い出す。たまたま「とらばーゆ」にもエッセイをお願いしたばかりだった。

案内されて製本機の前に立つ。一折、二折とページが重なっていく。そろったものにホッチキスが大きい音をたてる。近づいてくる。断裁機が本の三方を断ち切る。完成品が目の前に…。

「さ、どうぞ、手にとってください」

凸版の営業部長がうながす。一冊を抱きしめる。まるで赤ん坊のように。慢性睡眠不足のカラダから疲れが一気に吹っ飛んでいく。多田も次の一冊を手にとる。満面に笑みをたたえて手を差し出してくる。元インターハイ選手の骨砕きの握手だ。負けないようにガシッと握手する。

ジーンとしてその場を動けない。立ちつくす。表紙からぱらぱらめくっていく。目次を開く。ふと目に入ってきた文字…。膝ががくがくする。あれほど何度も見直したというのに…。

「どうした、倉っちゃん。顔が真っ青だぞ」

「ここ…、ここのところ…、ミスしちゃいました…」

「Career」でなければならないところを「Carrier」としてしまった。「職業」でなければならないのに「運び人」になってしまった。カラダから力が抜けていく。倒れそうだ。

「いいじゃん、そのくらい。いいって、いいって。さ、飲みに行こうぜ。祝杯あげよう」

数年後、同じことを言う自分がいた。

「エイビーロード」の平原に。「じゃらん」の大庭に。

「何だよそのくらい。死にゃしないって。さ、創刊号を肴《さかな》に飲もうぜ」

二月二二日、創刊日。

午前中から即日完売店が続出する。販売部から次々に連絡が入る。

GOサインをもらってから一〇人の組織になっていた。

連絡が入るたびに全員で歓声を上げる。抱きあって喜ぶ。

合間をぬって街に出る。つくったものがホントに置いてある。思わず見とれる。あと一冊しかない書店。売り切れてしまった売店。地下鉄に乗ったら、すぐそばの女性が手に持っている。

――オレがつくったんですけど、どうですか？　感想は？

近寄ってそう聞きたい。ありがとうと抱きしめたい。犯罪になるのでグッとこらえる。

夕方、即日完売を祝ってフロアで乾杯。ホッとした多田は疲れた様子。翌日四〇度の熱で休む。

すべてのページをたばねる進行業務の二人、竹内理佳子と石橋真理子は、組織発足と同時に毎日が完徹となっていた。いつも一人だった私は嬉しかったけれど…。

遠くでニワトリが鳴く。新聞配達の音がする。近くで鳩が鳴く。そして雀が鳴く。夜明けまでの順番はいつも同じ。二人に解説して笑わせる。雀が鳴くとみんなが出社してくる。

◆朝日の連日報道が潮の流れを加速した

「倉田さん、これ、見てください。すごいですよ」

創刊翌日。朝いちばんに出社した営業マンが、駆け寄って新聞を差し出す。

「求人情報誌は戦国時代」という見出し。

《しゃれた女性週刊誌ふう。（略）「とらばーゆ」（仏語で仕事の意）には、百貨店のパート、美容室のボディー技術者から社長秘書まで延べ四百件ほどの求人広告が載っている。ご祝儀もいくらかあるようだが、多過ぎて断ったほどという。》（朝日新聞一九八〇年二月二三日付朝刊）

全員そろったフロアは朝から大騒ぎとなる。部屋中の電話がリンリン鳴り響く。

「きのうはけんもほろろだったのに、今すぐ来てくれって。やっぱ朝日の影響かな」

大声で笑いながら出かけて行く男。ほどなく営業マンは全員出払ってしまう。

残ったのは四名だけ。進行の竹内と石橋。営業庶務の後藤春美。そして「立ち上げ屋」から「編集担当」に変わっている私。全員が二号目、三号目の作業に追われている。

しかし電話は鳴りやまない。大わらわの応対。通常業務は完全にストップしてしまう。

必死に電話をとる。公表している番号は一つだけ。ところが代表から交換手を通してくるもの、他部署の人脈を通してくるもの、フロア中の電話が鳴りっぱなしとなってしまう。

マスコミは「取材したい」。企業は「来週号に載せたい」。労働省（当時）から「詳しく聞きたい」。「どこで売っているのか」という読者。「こちらでは発売されていないのか」という地方からの問い合わせ。「一度お会いしたい」というさまざまな団体。とりわけフェミニズムの団体がいくつも。

喜んでいるヒマはまったくない。受けては答え、メモし、あるいは「折り返しいたしますので…」。

電話のコードが交差してからまる。受話器を置いたら、他の電話を切ってしまっていた。

二日後、夕刊でさらに。しかも今回は「とらばーゆ」だけに的を絞っている。

「あこがれる若い女性　情報誌、飛ぶ売れ行き」の見出し。

《「とらばーゆ」が先週末創刊され（略）驚いたことにわずか一日で首都圏の書店や駅の売店からあらかた姿を消してしまった。》（朝日新聞一九八〇年二月二五日付夕刊）

急いで例の四人で集まる。マスコミ、流通、求人企業、読者、各種問い合わせ、それぞれの対応トーク、対応ルートを決める。A４一枚のマニュアルをつくって全員に配る。

◆開発マン一人の葛藤がフロア全体に外部化されていく

いざ起業というときに、リクルートの情報誌のポイントになるのは「営業」と「進行」である。

営業がカネを稼がないとソロバンが成り立たない。素材を集めないとつくれない。自明の理だ。

しかし進行業務の真の重要性を理解したのは、「とらばーゆ」創刊作業の真っ最中だった。

集めてきた素材は、「読者の気持ち＝マーケティング」によって情報化される。一定のルールとトーン＆マナーで規格化される。加工し、整理し、配列される。職種別索引、勤務地インデックス、ページ順、ばらばらだった「素材」が、そうなって初めて「情報」に変わる。やっと女性たちの「気持ち」に応える用意ができる。進行がいないと世に出す商品にはならない。

しかも出版社の雑誌と違ってあらかじめページ数が決まっていない。季節変動と景気変動によってぶ厚くなったり、薄くなったり。締めてみないとわからない。まさに「大量処理・スピード処理・集中処理」が求められる。ソフト的にもハード的にも、進行が鍵を握っている。

竹内には「フロム・エー」創刊でも、石橋には「じゃらん」創刊でも活躍してもらった。

絶好調の波に乗って、七号目には隔週刊から週刊サイクルへ。計画より半年も早かった。

読者からの電話やハガキや封書は、感謝、感謝、感謝の嵐だった。けれどハガキなら最後の一行、電話なら最後の一言に、かならず切実な声がつけ加えられた。

「事務職以外の仕事をもっとふやしてください。ぜひお願いします」

電話をもらったフェミニズム団体にはすべて出向いて行った。

マンション、集会場、会館の和室、大勢の女性にかこまれて男一人。時には尻がむずむずした。

「男性にくらべて給与相場が低すぎる」

「もっと職域を広げられないのか」

「お茶くみとか、職場の花ばっかりじゃない」

企業サイドにもっと働きかけていきますから、と情報誌の構造を説明する。弁解する。

「もう少し待ってください。頑張りますので」

次々と回りながら、どんどんカラダが「女性」になっていくのがわかる。

夜になるといつも営業と激論になった。企業サイドを代弁する営業と、「女性」になってしまっている私。

新しいメンバーが次々とふえるたびに、「新住民」対「原住民」も激しくやりとりした。

「これは何でこうしないんですか？」「こういう理由でちゃんと決めたんだから…」

女性の願いと企業の思惑。ロマンとソロバン。さらに「内輪の事情」という小さなソロバンも。

一人の開発マンの中だけにあったさまざまな葛藤が、今や組織という一つの脳ミソの中で、何十人の疑問や確認や要望や相談や論争となって、フロア全体に広がっているのだった。

2 創業時の成否を決める「人間POS」

◆「起業マニュアル」は「見直しマニュアル」に変わる

6章の「起業マニュアル」は、1〜8の開発プロセスだった。同時にプレゼン資料の目次としても使える。この順番で構成すれば、つくりやすいし説得もしやすい（二二八〜二二九ページ参照）。

いざ起業すると、このマニュアルは8〜1の逆プロセスになる。もっとも変更しやすい「カネ」から順番に、軌道修正、方向修正のための「見直しマニュアル」に変わる。

数値的な目標「8」はどんどんいじる。人も組織「7」も可能なかぎり現実にあわせる。「時間」や「空間」に関わるさまざまなもの「6」も、市場に耳をすませながらフレキシブルに対応する。

ある分野に営業パワーを集中的にふやしたり、予定を早めて週刊サイクルにしたり…、と。

号を重ねるたびに誌面を見ながら、いつも初年度に同じことを思った。

「だんだん汚くなっていくなあ…」

理想を追求した見本誌はとてもきれいにできている。創刊号もまずまず。そして、企業や読者や流通の声にさらされて、どんどん汚れていく。で、それはすごくいことだと思っている。需要と供給の闘いがそのままカタチ「5」の変化となって表れる。ズレがあればあるほど熾烈な闘いだ。

ドイツがまだ東西に分断されていた頃、東ドイツ政府に招聘《しょうへい》されたことがある。東から見るベルリンの壁には落書き一つなかった。西側はぐちゃぐちゃ。西の方がカッコいいなあと思った。

日本のあちこちにある公共建築物は、どれもとてもきれいだ。けれど寂しくてつまらない。

国鉄からJRに変わって、売店も地下道も雑然としてきた。同時にサービスは向上している。

東ドイツのようにならないこと、商品を公共建築物のままにしないこと、どんどん市場にあわせて変化させていくこと、いい意味で汚れていくこと、それが初年度の目標である。

◆情報誌とコンビニは似ている。けれど情報誌にPOSはない

リクルートは「人間POS」が強みのビジネスである。人間がPOSになるしかない。

そしてそれは、POSを持っていないほとんどの業種、ほとんどの企業に言えることではないだろうか。

「X社が社名をもっと大きくできないのかって言うんですよ」

「社名で選ぶ読者はごくわずか。かぎられたスペースなんだからもっと仕事内容を…」

営業は情報提供者を代弁する「企業POS」となる。編集・制作は「読者POS」となる。ラインスタッフや管理スタッフは内輪の事情を代弁する「事業POS」となる。

人間POSが、耳と口を使って共有し、論争し、妥協点を見つける。そして変身し続ける。

「じゃらん」起業と同時にこんな貼り紙をぶら下げた。天井にでかでかと。

「わからないことはすぐ聞け！　知っていることはすぐ話せ！」

このとき新入社員だったメンバーが、リクルート社内報に最近こんなことを語って

いた。

《企業ビジョンについて（略）あえて言うとOBの倉田学さんに刷り込まれた、情報提供によってユーザーとクライアントとリクルートが全部幸せになる「トライアングル・ハッピー」という考え方かな／エイビーロード編集長馬弓良輔》（「かもめ」二〇〇二年二月一二日号）

「エイビーロード」創刊直後のある日、銀座の「やるき茶屋」で飲んでいた。

「レモンサワー六つね」

「はい、喜んで！」

「喜んでか、いい応対だねえ。そうそう、オレが言ってるのは三つの喜んでっちゅうことだ」

「つまり、ハッピー・トライアングルってことでしょう」

そう応じたのが長谷山裕（現バリュークリエーション代表取締役）だった。

以来、あらゆる事業運営で使った。唱え続けた。今でも有効だと思っている。

ただし今だからホンネを言えば、三方を丸くおさめるための言葉だったというのも事実である。

ほんとの最上位概念は、間違いなく「ユーザー・ハッピー」である。

リクルートでは企業を「顧客」と呼ぶ。広告費をいただくので当然だ。しかし、顧客のそのまた顧客はユーザーである。ユーザーが企業にカネを落とさないと、企業もリクルートも成り立たない。求人で採用された読者も、入社後、売り上げや利益に貢献してその企業にカネを落とす。

人間POSの論争で、最終的な判断の尺度になるのは「ユーザー・ハッピー」しかない。

ユーザーの「夢」。今日は供給寄りの判断をせざるをえないとしても…、明日、あさっての「夢」につながらない判断、「夢」を壊してしまうような判断、そんな判断は絶対にすべきじゃない。

近視眼的な「供給ハッピー」や「事業ハッピー」は、ホントの幸せにはつながらない。

そもそもユーザーの「夢」が実現できない事業はカネも稼げない。つぶれるのがオチだ。

3 レボリューションではなくイノベーション

◆荒れ地を耕す「立ち上げ屋」は「編集者」じゃない

「編集」が専門だとよく誤解されてきた。社外はもちろん、リクルート社内でも。マスコミに「編集長」としてよく登場しただけのこと。あくまでも「立ち上げ屋」だ。

グチを集める、やさしい言葉にする、言葉をカタチに落としこむ、確かに編集行為ではある。

しかし、私が使う編集道具はブルドーザーやスコップやつるはしだった。荒れ果てた大地を耕す土木建築作業。連日連夜寝ないで掘り起こす体力。突貫工事が得意というだけである。

ホントの編集者はメスやピンセットを使う。もっと緻密な作業。もっと洗練されている。

「とらばーゆ」一周年。緻密な松永真理に編集をバトンタッチして、私は制作を担当した。

創刊以来気になって仕方がなかったことに専念できる。一冊の八割を占める企業の広告表現。

企業の「現実」を反映して汚くなるのはＯＫ。しかし読者とのズレがあまりにも大きかった。

久しぶりに何日か徹夜した。一年分の広告すべてに目を通した。ビジュアル（絵柄）とコピー（言葉）に分けて、よく使われる表現をあぶり出した。気になっていたことが数値化された。

ビジュアル――①女性（四一・三％）②建物（二四・〇％）③イメージ（一二・七％）④商品（一〇・六％）⑤その他（一一・四％）

コピー名詞――①貴女（あなた）②女性（レディー）③笑顔④仕事⑤職場⑥オフィス⑦個性

動詞①求めます（求める）②働く③生かす（活かす）④生きる

形容詞①爽やか②明るい③新しい④若さ（若々しい）⑤楽しい

これが一九八〇年の企業の女性観、女性人材観である。

膨大な情報のほとんどが「絵」と「言葉」のそれぞれ上位①や②で構成されていた。七割の企業が「社屋」「店舗」「オフィス」の写真を使い、その横では女性の写真かイラストがかならずニコッと笑っていた。

典型的なコピーは「爽やかな貴女、求めます」。そんな求人がずらずらと並んでいた。

行動ソフトは「人が動いてなんぼ」。求人情報誌は「何人応募があるか」で勝負が決まる。

ステレオタイプ表現に女性たちはまったく無反応。トライアングル・アンハッピーである。

反応のいい広告にはかならず独自性があった。その仕事ならではのオリジナルな表現。

データに解説をつけて「効果アップ・マニュアル」をつくった。営業と制作の全員に配付して、企業を啓蒙する武器として使ってもらった。こんな実例もふんだんに盛りこんだ。

《「爽やかで、明るいだけではダメ」

掲載頻出度No.1、No.2の「爽やか」と「明るい」をパロディックに用い、新しい企業ニーズを的確にとらえた（株式会社ジュン／応募三八名・採用一二名）。

「誰にでもできる仕事かもしれません。でもあなたにしかできない仕事にすることも……」

「事務職」募集に頻出する「誰にでもできる仕事」という言葉に、「でもあなたにしかできない仕事にすることも…」という警句をつけ加えて、読者の「やりがい志向」をキャッチしている（プラス株式会社／応募四〇名・採用二名）。》（「女ごころをつかむ・効果アップマニュアル」）

「言葉」も「絵」もどんどん改善されていった。企業と女性のいい出会いがふえていった。

◆たった一ページの広告が「とらばーゆ」を変え、世の中を変えた

たくさんのフェミニズム団体に会った。情報誌の構造を説明した。女性陣にかこまれてとてもその場でストレートには言えなかったこと、だけどホントは伝えたかったことはこんなことだった。

「情報誌はレボリューション（革命）は無理。だけどイノベーション（革新）は起こしてみせます」

一周年が過ぎた。いまだに「事務募集」が誌面の八割を占めていた。読者は相変わらず「他の仕事をふやして」の大合唱。制作という立場を利用して、営業と一緒に頻繁に企業に行った。

企業が考えを変えないかぎり事態は変わらない。けれどいい返事はなかなかもらえ

なかった。

忘れもしない。それは横浜トヨペットから始まった。

「そうは言いましても、男性でもなかなか採れませんからねえ」

「事務は嫌だっていう女性がたくさんいるんです。きっと効果があります…、ぜひ…」

カーディーラー営業はタフな仕事。男性でさえ「就職情報（現Ｂｉｎｇ）」で募集してもなかなか集まらない。「まさか女性なんて」という人事担当との会話だった。そこをなんとか。

「ま、それじゃモノは試しということで、やってみましょうか」

決まった。それまで小さなコマ広告ばかりだった「営業募集」に一ページの情報。しかも一流企業。失敗するわけにはいかない。表現も考えぬいた。発売日から通信簿を待つ子供のように緊張した。大反響だった。正確な数字は忘れたけれど一〇〇名はこえていたと思う。

先方も仰天していた。初めてのことなので全員に会ってみるとのことだった。誠実な対応が嬉しい。問題は採用できるかどうか。営業マンと一緒にドキドキする毎日。結果二名採用となった。

「優秀な方ばかりでしたよ。もっと採ろうかと悩みましたけど初の試みなので…」

薄かった営業ページが、アッという間に神奈川のカーディーラーで埋まるようになった。日産もホンダもスズキも反響を耳にしたのだった。いずれも応募が殺到した。さらに埼玉、千葉、最後に東京のカーディーラーが結集した。まるでカーディーラー特集のようになっていった。

数カ月後、横浜トヨペット担当の営業マンがニコニコしながら報告に来た。

「あの二人が、古手の男性も抜き去って営業成績一位、二位ですって。すごいっすねえ」

たった一社の広告が、飲食、建築、不動産…へと、まずは他の業界に横に飛び火していった。

次に「営業」から「サービス」「販売」「技術」へと、他の職種へと縦に深まっていった。

それぞれの会社に入社した女性たち一人ひとりが、しっかり活躍しているからこそだった。

先頭を行く女性が道を開き、あとから続く女性たちがその道を広げているのだった。

4　夢を見すえながら「今日の現実」に立ち向かう

◆走りながらソロバンをはじく

「フロム・エー」は「小さく生んで…」というわけにはいかなかった。すでに独占A誌が先行している。商品開発に自信はあったものの、巨人と小人の闘いだった。

知名度で追いつくための大量の宣伝投下、大量の営業マンパワー、営業拠点、週刊サイクル。

最初から「大きく生んで始める」しかなかった。「追いつき、追いこせ」が合言葉だ。

創刊号営業はすべての企業に値下げをしいられた。地獄の日々だった。

「いいか、一歩会社を出たら一〇〇円でも取ってこい！　取れなきゃ帰ってくるな！」

「所長、受注してきました」

営業マンの手にはホントに一〇〇円玉が…。

そんな泣き笑いのようなエピソードが、あちこちで日常茶飯事だった。

「後発は厳しい」という江副の懸念は、まさにソロバンの本質をついていた。

起業後に初めて「5〜8のソロバン」をはじいた。もっとも位田体制の「経営会議」がスタートするまでは、すべての起業がそうだった。狸の皮算用でスタート。走りながら計算した。

創刊一カ月前。急きょ、別会社にすることが決まる。リクルートの人件費ではとてもやっていけないという判断だった。すでに一〇〇名以上集まっていたメンバーは去就を聞かれた。

新会社の年収はリクルートの七割。休日は五〇日減るということになった。

リクルートのいちばん最初の上司神山陽子が、長期入院中の病院から突然の電話をかけてきた。

「あなた、ホントにいいの？　ホントにわかって決めてるの？」

この時の神山の親心は、ずーっとあとになるまでわからなかった。私の頭の中には打倒A誌のことしかなかったのである。

何名かが送別会もせずにプロジェクトから去り、リクルートに残った。

八二年一〇月二五日、「リクルート・フロムエー」設立。私はリクルートを退社した。打倒A誌と、アルバイト市場のイノベーションに命をかける覚悟だった。

同時に、A誌を追い抜いたら、学生時代からの恋人に結婚を申しこもうかなあと思っていた。

転籍になった人間は二度と本社に戻れないのがリクルートの常識だった。だったら、そろそろ落ち着こうかな、と。

二周年にA誌を追い抜き、プロポーズした。

泊まりこみの生活でそれまでずっと彼女は放ったらかしだった。

「一週間考えさせて」と言われてしまった。けれど何とか承諾。

ちょうどそんな時に、江副社長からの電話が鳴ったのだった。

「エイビーロード、見てやってくれないか？」

今度はリクルート・フロムエーを退社。退職金は一万円だった。

一方リクルートの人事は、まったく初のケースにとまどっていた。私をどう処遇すればいいのかと大混乱になっていた。

彼女とは入籍だけした。

「エイビーロード」創刊に向けて、三原橋泊まりこみ生活に突入した。

◆「誰」に「何」を提供するために始めたのか

「倉田さん、お願いします。電話受けてもらえませんか」

営業本部の女性が、眉は八の字、額に汗を浮かべて、訴えてくる。

「特殊浴場の方が、フロム・エーはなんで掲載を断るのかって…」

「特殊浴場って何なの？」

「あの…、何て言ったらいいのか…、その…」

そばの男が「ソープランドですよ」と教えてくれる。なるほど、特殊な浴場か。

「どうもお待たせしました…」と出るなり、

「てめえ、いつまで待たせてりゃ気がすむんだ！」と怒鳴る声。

そこから約二時間、延々と受話器を握り続けた。

「リクルートに何人いるか知らねえけど、いっぱい利用してくれてるんじゃないのかい。自分たちがウチを使っときながら、出してる雑誌には掲載できねえってのか」

説得力があった。「おっしゃるとおりです」などと答えながら、必死に頭を回転させる。

しどろもどろになりながらも、湯島のラブホテル・ブレストで出したアイデアを思い出した。

「ご商売をされていたらおわかりいただけると思いますが、対象となる顧客層が…」

「おう、それがどうした」

「まだ私だけの企画段階なんですけど、風俗だけの情報誌を出したいな、と」

「おう、そりゃいいや。出せ、出せ。いつ頃出すんだ」

「なんとか会社を説得しませんと。誌名は『フロム・P』にしようと思ってます」

「ピンクのPか、いい名前じゃねえか。そりゃ売れるぞ。広告いつ出せるんだ？」

「ですから、しがない私だけのアイデアでして…」

「オレが一緒に社長に言ってやる。いつでも呼べ。お前サービスしてやるから来い！」

なんとか解決。

「誰」に「何」を。実はターゲット論がベースの真面目な会話なのだった。

それから数年後。他社から「ナイトタイムス」という風俗情報誌が登場、大成功した。本気でくやしかった。

5　ズレに気づいたらすぐ修正――「朝令暮改」「朝令朝改」

◆「朝令暮改」とは「イノベーション」のこと

すべりこみセーフの創刊となった「エイビーロード」。全ページ誤字脱字。しかしよく売れた。即日完売とはいかなかったけれど、一週間もたたずに完売。突然、社内放送が流れた。

「皆さんにお配りしたエイビーロードですが、品切れで販売が困っています。一冊でも多く回収させていただきたく…、書きこみなどをしていないきれいなものは、ぜひ…」

「ったくー、江副さんが急に全社員に配れなんて言うからですよ、ホントに、もう…」

平原が口をとんがらす。その直後、江副社長から「増し刷りしろ」の電話。しぶしぶ応じた。印刷には時間がかかる。タイミングがずれて増刷分はやや売れ残ってしまった。定期刊行物を増刷するなんてことは出版業界ではありえないこと。この痛い経験は後に「じゃらん」で生きる。

毎日が土下座だった。旅行会社や航空会社を一日に一〇社くらい回った。郵便番号「１００」から「１０３」に集中していることは、消費者には不便だったけれど、謝罪するには便利だった。

編集長就任の挨拶の前にまずは平身低頭。今考えるとラッキーなスタートだったと思う。

起業時にやるべき作業を、謝罪とともに集中的にやることになったからだ。

①人に聞きまくる。②資料を読みまくる。③実践する。

謝罪すると嫌でも「聞きまくる」ことになる。そして「３《スリー》レター（業界の略語）は知ってるのか」「あの人に会ったのか」「業界の歴史は…」「不勉強だ」…。

当然、資料も読みまくることになった。

怒る時、人はホンネしか言わない。「なるほど」と思ったらすぐに取り入れる。「毎号がリニューアル」を合言葉にした。初年度、業界の方と一緒にメディアを完成させていったようなものだ。

しかしこの時の後遺症で、今でもどこかに訪問をすると、ソファは前かがみに座る癖がついてしまった。いつでも頭を下げられる姿勢。背もたれにゆったりと寄りかかることはできなくなってしまった。

天井にスローガンをかかげた。

「原始時代から、縄文・弥生に向かって」

進歩に応じて張りかえた。「平安へ」「室町へ」「鎌倉幕府へ」…。

「倉田さん、もう江戸時代まで来てるんじゃないですか」「いや、まだまだだろ」

この時代区分はその後の事業でも使った。今いる位置の自覚。めざす方向もはっきりする。

「カネ」「人と組織」「時間と空間」「カタチ」——8↓5の現実モード。

8↓5はどんどん変えた。旅行業界も航空業界も略語と隠語と専門用語だらけ。何を言ってるのかさっぱりわからない。素人は教えてもらうしかない。そして取り入れていく。

朝決めたことも夕方には変えてしまう。朝令暮改、朝令昼改、朝令朝改、どんどんやった。

「イノベーション」の日本語訳は、「朝令暮改」がぴったりだと思った。

◆起業一年後に「誰」と「何」を修正した「ゼクシィ」

「起業マニュアル」の1〜4は夢モード。「夢」「誰」「何」「カタチ（夢のつづき）」。

どんどん変えていくといっても1〜4はいじらない。「夢」を見すえて8↓5を変えていく。「夢」の実現を一歩でも早めるための「現実」の修正である。早く市場に適応して、「夢」に向かって市場を引っ張っていきたい。しっかり地に足をつけた上で、空に駆け上がりたい。

修正につぐ修正の「エイビーロード」ではあったけれど、「夢」をいじることはなかった。

どんどん略語を知り、慣習を知り、業界人との会話も理解できるようになっていった。むずかしい言葉は、読者にはわかりやすく翻訳した。業界から教わるだけでなく、こちらから先手をとって提案できるようになった。閉鎖的だった業界の門を、ゆっくりとこじ開けていった。

そして、年を経るごとに、ブレストで出ていた「夢」を一つひとつ実現していった。

「ゼクシィ」は、誌名が決まる前のプロジェクト名を「DJ」と呼んでいた。男女の頭文字だ。

「結婚式は費用がかかりすぎる」

「手に入る情報がかぎられている」

「エージェントは系列のみの情報しかない」

「衣装も、貴金属も、演出も、閉鎖的でよくわからない」

「不」のつく日本語もきちんと整理できた。しかし最後までこんな「声」にこだわっていた。

「合コンやねるとんパーティー情報も欲しい」

結局、「恋愛」＋「結婚」情報というフレームで、起業メンバーにバトンタッチした。

起業後のフロアを、気になる助産婦として頻繁にのぞいた。

「見てくださいよ。こんなハガキばっかりですよ」

「神聖な結婚を汚すのか」「下品」「結婚情報だけでいい」「合コン情報はいらない」

「誰」に対して「何」を提供するのか。見直しを迫る痛烈な声だった。

全員で決めたとはいえ、もっとも強く主張した「恋愛派」の一人として猛烈に反省した。

起業一年後。「ゼクシィ」は一冊丸ごと「結婚情報誌」へと大リニューアルに踏みきる。

事業部全員の力わざだった。とりわけ芳原世幸編集長（現メディアファクトリー代表）と森川さゆり副編集長（現オールアバウト取締役）の、見事な方向修正だった。

6　現実と闘いながら視線はいつも三年後を

◆「夢」を全員で共有する。「現実」に立ち向かうために

起業後の「現実」はいつも厳しい。明日の効能を唱えて今日のカネをもらわなければならない。

新興宗教の布教活動に似ている。必死に「夢」を語る。しかし企業は「現実」を求める。

「なんで創刊なんかしたんだよ。A誌に勝てるわけないだろ。お前も売ってみろよ」

営業課長が食ってかかる。新橋の居酒屋。営業マンにかこまれて最後は胸ぐらをつかまれた。

会社に戻ってひと仕事こなし、空が白くなった頃、床に寝転ぶ。くやしくて眠れない。

翌朝マネジャー会議に提案した。「内勤全員で皆営業《かい》マンキャンペーンをやりましょう」と。

意地になって売った。トップセールスマンの二倍の数字をあげた。もちろん期間限定。恒常的に売っている営業マンと比較はできない。しかし馬鹿にされることはなくなった。

同時に「もっと開発プロセスを伝えなければいけないな」と思った。自分のつくった商品を売るのは簡単だった。開発した三年分の思いを語る、「夢」の営業だった。

——みんなにも「自分の商品」だと思ってもらわないと。

社員もアルバイトも、毎週毎週、数十人単位でふえていた。導入研修に「フロム・エーとは…」というプログラムをプラスしてもらった。二年後に退社となるまでの間、のべ四〇〇人あまりに「1〜4の夢モード」を語り続けた。最初は大ぼらに聞こえた講義も、だんだんA誌に追いつき、追いこし、説得力を増していった。

その後すべての起業で同じことをした。参加する人間には真っ先に「夢」を伝える。全員で「夢」を共有できないと、厳しい「現実」に一丸となって立ち向かえない。

「とらばーゆ」の時に起きた原住民対新住民の闘いは、それが欠けていたせいだと気づいた。

さらに「エイビーロード」からは「三カ年研修」も加えた。毎年一回一泊二日。五〜六人単位に分かれて、全員でブレストをする。「導入研修」は先輩が「夢」を伝えるもの。「三カ年研修」は明日に向かって全員で「夢」をつくり上げるもの。毎年毎年「夢」を更新していく作業だった。

「夢」とは言いながらも、そこから現実の計画に反映できるものが続々と生まれた。

◆メンバーは「体験を物語ること」。経営者は「方針を自分語で」

インセンティブとモティーブという言葉がある。

インセンティブは馬の前にぶら下げるニンジンだと思う。そしてモティーブは「夢」。

外側から突き刺す針と内側からわき起こる思い。外からの刺激か内なる動機か。

起業時には断然モチベーションが重要となる。自分はなぜこんなつらい作業をしているのか。

せんじつめるとインセンティブは数字、モチベーションは言葉である。

売り上げを一円でも上げないと。原価を一円でも切りつめないと。もちろん経費も切りつめなければ。

日々厳しい数字を追う。追われる。だけど、その数字を言葉に翻訳する作業をおろそかにしちゃダメだ。

なぜ値下げに応じるのか。逆になぜ応じないのか。なぜある部分では出費を惜しまず、ある部分ではケチるのか。

小さな判断の一つひとつが、大きな「夢」にちゃんとリンクしているかどうか。

起業二年目に入る。飲み屋でこんな会話をする。

「去年の今頃、どのくらいの四半期目標だったっけ。自分の覚えてる？」

「ちょっと待ってください。うーんと…、あれ、おかしいな。まったく覚えてませんねえ」

「じゃ、覚えてること言ってみ」

「ちょうど今頃でしたよね。A社の○○さんにこっぴどく叱られて、必死に対応したら、かえって気に入られちゃって、馴染みの店連れて行ってもらってカラオケまで歌っちゃって…」

「私は、菓子折りを持ってきてくれた読者ですね。ちょっとアドバイスしただけだったのに」

エピソードが山のように出てくる。

メンバーは現場での体験をどんどん語ること。その一つひとつの「物語」が貴重な財産となる。損益計算書にも貸借対照表にも表れない財産。

その「物語」が積み重なって、「夢」に向かう階段となる。

事業責任者が数字に責任を持つのは当たり前だ。しかしソロバンはロマンの手段でしかないのである。

とくに苦しい起業時、人は数字では動かない。すでに数字の大嵐が吹き荒れている毎日。いつ難破してもおかしくない船の中、船長は舵をとりながら、行き先を示し続けなくてはならない。

方向性を「自分語」で語らなければならない。借り物じゃダメだ。

「徳川家康がこう言ったそうだが、私も同感で…」

「この前ある評論家が、ユビキタス社会について…」

徳川家康もある評論家も、その事業にたずさわっちゃいない。苦しんでるのも、眠らずに作業しているのも、時に喜びを見つけるのも、自分たちしかいない。

自分以外に方針を語る人間はいない。自分の言葉で向かう方向性を示すしかない。

「言葉なんか業績に関係ないだろう」などと思ったら大間違い。

方向がはっきり伝わった時、ヒトの心が動き体が動く。ヒトの心と体が数字を大きく動かす。

小さな船であっても、全速力で目的地に向かって走り出す。

7　閉ざされた市場を自由化していく痛み

◆なぜ名刺を破り捨てられてしまうのか

「エイビーロード」創刊日。電話応対に追われていた。旅行会社A社の幹部から電話が入る。

「編集長、○○ページはどうなってるんだ。その左下のグアムのツアー」

急いで開く。指摘されたものは他社のもの。他社のミスを教えてくれるのだろうか。

「はい、Z社さんですね。こちらのツアー、どこか間違えましたでしょうか」

「どうなってるのかと聞いてるんだ」

「どうなってるのかとおっしゃいますと…、どの部分か教えていただけませんでしょうか」

「わからないんだな。もういい（ガチャン）」

電話の趣旨がまったくわからなかった。そして次々と電話応対に追われ、深く考えなかった。

創刊号と二号はセット営業。まずまずの情報量を確保した。A社を含め最大手一一社もすべて顔をそろえた。本の売れ行きと読者の反応があと押しして、三号目も順調に情報が集まっていた。

まずまずの滑り出しだな。原始時代の内部体制さえ固めればよし、と。そう思っていた。

ところが大手一一社が、三号目以降すべて掲載を降りてしまう。営業と一緒に頭を下げに行く。

本はよく売れている。それを訴える。大反響の旅行会社を事例として伝える。

「業界は狭いですからね。その会社の話はよ～く聞いてますよ」

それじゃなぜ？　何度も何度も行く。決裁範囲の問題なんだろうかとその上司に、そのまた上司に。誰にお会いしてもダメ。事態は変わらない。創刊日に例の電話をかけてきたA社の幹部も「ノー」。

「編集長は何もおわかりになっていないから…」

「はい、業界初心者ですから、ぜひいろいろご指導ください」

「本はずいぶん売れているようじゃないですか」

「ええ、おかげさまで、ありがとうございます」

本の売れ行きを知っていながらなぜノーなのか。営業マンと一緒に必死に考える。これまでの情報誌の常識からはまるで想像がつかない。何か他の理由があるのだろうか。

業界のどんな集まりにも出席する。顔を知ってもらいたい。エイビーロードも売りこみたい。

ある立食大パーティーでB社の専務を見かけた。一一社の中でも最大手。名刺交換をお願いした。

「失礼いたします。私、こういう者ですが…」

ニコニコしていた顔が、名刺を見るなり一変した。

「君かー、首謀者は…」

そう言うなり、ビリッと名刺を破り捨てた。えっ、いったいどういうことなんだ。首謀者？

◆すべてを知って、さらにつらい日々が続いた

創刊半年後の八五年四月、すべてが判明した。

日本航空を訪問した時のこと。ある幹部が「ここでは何だから…」と外に誘う。オフィスを出て喫茶店に入る。席についてまわりに目を配る。ひそひそと話し始める。頭を寄せないと聞こえないほどの小さな声。一言も漏らさぬようにと、身を乗り出して聞いた。

旅行業界には談合価格があること。方面別に細かく決める。君の雑誌にはそれを下回るツアーがかなり載っている。そのことを公に文句を言うわけにはいかない。しかし業界は蜂の巣をつついた騒ぎ。とくに大手一社はカンカンに怒っている。守らないかぎり彼らは絶対に載せない。

そうだったのか。愕然とした。しかし同時にこれまでのすべての謎が氷解した。秘密の扉を開けると業界構造がどんどん見えてくる。談合価格にも二種類あること。

MTP（ミニマム・ツアー・プライス）とMMTP（ミニマム・ミニマム・ツアー・プライス）。

以前「消費者」となったカウンターで、「…ブランド商品…」と言われた言葉を思い出した。

MTPを守る一社の商品を「第一ブランド」と呼ぶこと。MMTPを守る商品を

「第二ブランド」と呼ぶこと。「第二ブランド」であれば、一一社でも「エイビーロード」を大量に活用した。

しかしさらに下回る商品が載ると激怒した。掲載は何とか続けていただけたけれど。

小さな旅行会社はカルテル無視の価格でどんどん集客をした。秀インターナショナルという会社も猛烈な勢いで拡大していた。アッという間に大きくなり、後にHISという社名に変更した。

本はどんどんぶ厚くなった。部数も伸びた。「エイビーロード」旅行者も、年間出国人口にかなりの割合を占めるようになった。一一社の幹部とは定期的に雑談だけのおつきあいをしていた。

創刊から三年後、A社幹部から東京・八重洲の料亭に招かれた。食事を終えてお茶を飲む。

「編集長も業界をだいぶ勉強されたでしょう。…守ることはできないんですかねえ…」

一介のメディアにすぎないということ、自由競争をしていただきたいこと、そして明日の「夢」を語った。

数日後、航空会社からもフランス料理店に招かれた。こちらはもっと激しい口調だった。

「安かろう悪かろうのツアーは排除できないんですか。編集長の考えを聞かせてください」

ナイフとフォークの手はまったく動かさずに、必死でこう答えた。

「旅には四種類あると思います。高かろう良かろう、高かろう悪かろう、安かろう良かろう、安かろう悪かろう。一介のメディアですから偉そうなことはできませんが、高かろう良かろう、安かろう良かろうを、なるべく載せていきたいなと思っています」

憮然《ぶぜん》とした表情でにらまれた。生きた心地がしなかった。何を食べたかまったく覚えていない。

それからさらに一年後、創刊四年目。一九八八年一一月一五日。大手一社から次々と「掲載したい」という電話が入った。その日、業界談合価格撤廃が決まったのだった。すべての電話を終えて、フロアにいた全員で大歓声を上げた。抱きあって喜んだ。

消費者が喜ぶことは、業界の発展にもかならずつながるはずだと確信していた。

奇しくも、私の誕生日だった。

8 起業の瞬間からふたたび徹底ヒアリングが始まる

◆起業には二四時間営業の街が欠かせない

八九年冬。ひらがなとなった「じゃらん」は創刊号の渦中にあった。

大手町NKKビルの中。間借りの悲しさで毎日残業申請をする。「時間別に正確な人数を」と言われても先は読めない。適当に記入し、毎日「申請と違う」と怒られた。夜八時を過ぎると真っ暗な街。出前もできない。パレスホテルで食事をとるしかなくなる。自社ビルでの起業と新橋の夜のありがたさを、つくづく思い知った。フロアの一角にバーをつくった。せめて酒でも、と。

副編集長の大庭以外は全員女性編集者。私のように風呂も入らず、歯も磨かず、連日床に寝るわけにはいかない。パレスホテルに毎日予約を入れる。みんな憔悴《しょうすい》していくのがわかる。

「きのう小さなケーキでクリスマスを祝いましたよ」

大庭が報告する。クリスマスなんて一度も祝ったことがない私は、そんな気配りも気づかない。

事業部長兼編集長。しかし編集長は名前だけ。実質編集長は大庭だった。私は一日中企業を回る。深夜になると、スタミナドリンクやカップうどんを差し入れるのが関の山だった。

ついに森川さゆりが倒れた。救急車を呼んだ。病院で点滴を打ち、入院しろという声を振りきって、すぐに復帰。人っ子一人いない大手町で、まさにここだけ戦場だった。森川さゆりは、この三年後、「ゼクシィ」創刊でも奮闘することになる。

地方の宿を担当する営業マンは、月から金まで出張した。金曜の夜に帰ってくると、全員フロアのバーで「疲れましたよ〜」を連発した。そして、翌週また旅立っていった。社員人件費に出張代。いただく広告費は数万円。完全な先行投資だった。その後、蓄積した情報とノウハウを、現地在住主婦の業務委託営業へとシフトしていく。それまでは苦しいインフラづくりが続いた。

「じゃらん」は、リクルート事件後に、リ社が初めて世に出す新メディアだった。初のブレストから六年。RINGで落選してから二年。プロジェクト発足から九カ月。満を持しての創刊だった。三宅裕司が矢野顕子のCFソングとともに前日、当日のテレビに登場した。

一九九〇年一月二四日、創刊日。朝礼のあと、この日だけは営業も含めて全員が各書店に散った。デモンストレーション販売。読者に直接触れる。「とらばーゆ」以降どの創刊もデモ販をすることにしていた。地下鉄で創刊号を手にしている女性を目撃した時の感激を、みんなにも味わってほしかったのである。

午前中から完売店の報告が入り始めた。「売り切れちゃいましたよ」とメンバーが続々と帰ってくる。「エイビーロード」の苦い経験があったので、あらかじめ増刷はしないと宣言していた。

「倉田さん、ずいぶん強気ですねえ」

前日そう答えた販売担当から電話が入る。

「あのー、ダメだとは思うんですけど、増刷しませんか」

夕方までには即日完売となった。予約していた会場での大祝賀パーティー。ゲストを含めて約二〇〇人の乾杯。歓声が上がる。叫ぶ者、踊る者、笑う者、抱きあう者。三本締めに万歳…。

大喧噪の中をそっと抜け出し、トイレに駆けこんだ。個室に入って泣いた。嗚咽《おえつ》が出てくるので、上着で口を押さえた。自分一人でつくった時には一度も泣かなかったのに、なぜだろう。

「倉田さん、ここですか？　大丈夫ですか？　中締めお願いします」

「あ、ごめんごめん。すぐ出るよ。ホッとしたら便秘が治っちゃってさあ」

「何言ってんすかあ。早く来てくださいよ」

◆ふたたび徹底ヒアリングが始まる。聞いて、聞いて、聞きまくる

「熱海の旅館さんで名刺を破られました」

「オレも昔、破られたことあるぜ。そのうち見返してやればいいって」

歴史はくり返す。熱海がまったく載らないかわりに、那須の情報がどんどん充実していった。ホテルもペンションも旅館も、互いがしのぎを削りあってエリア全体の相乗効果を上げていた。

「ペットと一緒に泊まれるところが少ない」

「子連れで旅をしたいのに、まったく載っていない」

「露天風呂っていっても、カレと一緒に入れないんじゃ意味ない」

読者からは、たくさんの「不」のつく日本語が連日舞いこんでくる。

「ペットと一緒に泊まれる宿」「子連れの旅」「鍵つき露天風呂」

「不」を裏返し、供給サイドに働きかけ、次々と旅人の「夢」を実現していく。

人が動く。遊ぶ。カネが落ちる。街がうるおう。街が変わる。街が元気になってい

く。

起業の瞬間から、ふたたび聞いて、聞いて、聞きまくるヒアリングが始まっているのだった。

二〇〇三年三月。新潟のベンチャー企業からメールが入った。

脱サラした二人。二月に創業したて。「早い、安い」がウリの携帯を使った市場調査会社。

添付ファイルには、びっしりと事業構想と質問が書いてあった。

「システム概要」「マーケティング考察」

「コンテンツについての考察」「分析レポートのオプション設定」

「定性調査への不参入」「企業規模別営業戦略」……

よ〜く資料を読みこんで、新潟へ返信した。

《起業してしまう前にご相談に乗れなかったのは残念だけど、今からでも遅くありません。

いただいたファイルはじっくり読みこみました。

すぐに想像がついてしまいますが、顧客の「声」を一つも聞いていないのでは。
「これだけ早くて安いサービスなら、きっと発注してくれるに決まってる」
そう思いこんで、システムにかかりっきりになってはいないでしょうか。
それだけで事業構想を練り上げてしまっているのではないでしょうか。
「この服着て、この靴はいて、この髪型ならきっとめちゃくちゃモテるはず」
そんなふうに思いこんで合コンに行ったら、どの女性からも声がかからない。
そんな馬鹿男と同じになっちゃいますよ。どんどん「女の声」を聞き続けないと。
あ、ちょっとたとえ間違えたなあ。男女は逆転。
オレの場合は、起業する時、つねに「女」に身を置いていました。
それも「モテない女」っていうスタンス。
わがままなユーザー（男）に耳を傾けて、自分を磨いていく。
「磨けばすっごくモテるんだから」っていうスタンスでもあります。
男（企業）にどんどんアポとって、見込みがあろうがなかろうが、
聞いて、聞いて、聞きまくってください。そこから起業のホントのスタートです。》

その後新潟で直接お会いしたら、アドバイスに忠実に企業ヒアリングをされていた。

すでに事業構想もどんどん修正を迫られているとか。

「それは良かったじゃないですか。もっともっと企業を何社も回って、もっと聞いて、どんどん変えていったらいいですよ」

そんなふうに答えた。

市場に耳をすませて、聞いて、聞いて、聞きまくることからしか始まらないと思うから。

開発も、起業も、その後の事業運営も。一〇〇年たった既存事業でさえも。

新潟駅。東京行きの新幹線は出たばかりだった。駅構内の「庄や」に入る。

「日替わり定食、ください。あ、それとマッチありますか?」

「はい、喜んで!」

その声に、銀座「やるき茶屋」を思い出した。エイビーロード初年度の原始時代の混乱の中、いつも夜一〇時過ぎくらいから、みんなで遅い夕食を食べたものだった。

杯を重ねるごとに、苦しい現実のガス抜きから、誇大妄想の「夢物語」へと話がふくらんでいくのがパターンだった。

「お兄さんも、休日にはエイビーロード使って旅行してちょうだいよ」

「はい、喜んで！」

「また〜、返事だけはいいんだから…、本当に行くのかよ」

「はい、喜んで！」

新潟駅「庄や」の店員がマッチを持って来た。そこにも大きく「喜んで！」と書いてあった。

あとがき

「どのメディアがいちばん気になりますか？」「どれがいちばん好きですか？」どこでもかならず聞かれる。マスコミ取材でも、講演でも、勉強会でも、プライベートでも。

「自分の子供のことを、長男がいちばんとか、末っ子がいちばんなんて、言わないでしょう？」

そう答えると、「ふ〜ん、なるほど、確かに」などと、みなさん納得してくださる。

それぞれ一人ずつの特徴だったら、そりゃあ一晩中でも語り明かすことができる。けれども、それぞれの身長や体重のことよりも、どれだけの人物になれたのか、他人《ひと》様《さま》のお役に立っているかどうかの方が大事だ。つまり、売上高や利益率もさることながら、世の中にどれだけ影響力を持てたのか、新しい価値を生み出し続けているのかどうかの方がよっぽど気になる。

本書のあちこちでものべたけれど、ここでもしつこくくり返そう。価値を生み出せないものは、結果としての利潤も生み出せない。ロマンがなければ、ソロバンも成り立たないっていうことだ。

人間の子供のことはよく知らないけれど、メディアは、価値が生み出せなくなったら終わりだ。

体力だけが取り柄でたくさん生んだ。経験を重ねながら、少しずつチエもついた。どうやって相手を探し出し、どのようにつきあい、どう生み出すか。そして、生後すくすくと育っていくためには、将来の「価値」を事前に仕込んでおくことがどれほど重要かということ。

そんなチエを、これから何かを生み出そうという方に向けて、できるだけ体験に即して、具体的に、すぐ実務にとりかかれるようにと一冊にした。しかし、うまく伝えることはできたのだろうか。

1章から4章までは、退屈に感じる方がいるかもしれない。それがちょっと心配だ。読み物としては退屈に決まってる。たとえばこんな文章も、読むだけだと退屈なはずだ。

《指を置いた段を「中段」と言います。（略）卵を握った感じで手のひらを丸くして、指先をキーに直角に当てます。（略）キーは歯切れ良く「ポン」という感じで押しま

す。タバコの火を消す時の「ギュ」ではありません。》（増田忠著『らくらくキーボード練習帳』日本経済新聞社）

リクルートを辞めて最初に挑戦した「生まれて初めて」がブラインド・タッチだった。面白くない文章でも、実践しながら読むとがぜん腑に落ちて響いてくる。次々と人に会って、聞いて、聞いて、聞きまくる。ひたすらブレストをくり返す。並行して、さらに聞きまくる。「不」のつく日本語を探し出す。ぜひそれらを実践しながら、1章〜4章をくり返し読んでいただけたらと思う。

一方、5章から8章はエピソードが濃すぎるかもしれない。それがちょっと心配だ。中に含まれたノウハウを、うまくすくい取っていただけたらと思う。他にも応用がきくはずだから。

一カ月でブラインド・タッチをマスターした頃、「日経ビジネス」副編集長の菅原雅信氏（現「日経マスターズ」編集長）に声をかけられ、銀座の飲み屋でお銚子を六本ずつ倒しながら、連載を頼まれた。「テーマは何でもＯＫ」。初対面なのに勇気あるなあ、それにしても酒が強いなあ、と思った。そして、二九本のコラムを連載することとなった（一九九八年七月〜二〇〇〇年一二月）。

本書は連載コラムのいくつかを下地にして、新たに書き下ろした。菅原氏とあんなに飲まなかったら、本書は誕生していなかった。日本酒に感謝。菅原さんに大感謝である。

二〇〇二年末、藤原和博氏（現杉並区立和田中学校校長）の出版記念パーティーで、日本経済新聞社出版局編集部の山田嘉郎氏と初めてお会いした。名刺交換するなり、「本を出しましょう」と言われた。翌日、自宅ファクスに構成案が届いた。「なんという早業」と思った。

こちらも案を投げ返し、キャッチボールをするうちに、すでにそのやりとり自体が「創刊のための仕事術」そのものになっているのだった。年明けからスタートして、こんなに素早く本書を上梓することができたのは、すべて山田さんのおかげです。

ここに一五人目の子供を無事出産することができました。どうか可愛がってやってくださいませ。

文庫版あとがき

一五人目の子供「創刊男」は、二〇〇三年四月二一日に誕生しました。

そして生まれてからこれまで、たくさんの「声」をちょうだいしました。

当然ながら、まずは家族・親族・友人からの「声」が早かった。

いつも顔をあわせている相手ですから、ことさら本のことだけを話すんじゃない。

ちらりと触れるっていうのが特徴です。しかし、良いも悪いも感情は激しい。

「見直した！　お前って、天才だよ！」

「市場の算数の公式のとこって、ごちゃごちゃしすぎてない？　長すぎるよ」

「ゼクシイもダヴィンチも、〝イ（大）〟じゃなくて〝ィ（小）〟ですよ」

褒め言葉は喜ぶだけにしておいて、疑問や批判の中から修正箇所を拾い出す。

発売から時間がたてばたつほど、初めてお会いする方が読者だったりもする。

「女性が降臨してくる場面で、私、思わず、泣いちゃいました」

「ラブホテルでブレストやったって、ほんとですか？　ウソでしょ？」

「既得権益ってひどいですね、名刺破るところ、読みながら頭きちゃいました」

初対面であちらから持ち出す話題なので、大絶賛ばかり。こりゃ気をつけないといけない。あらためてこちらが相手にボールを投げ返す。ヒアリング開始だ。

「そうはいっても気になるところって、ありませんでしたか？」

そんなのないですよ…などと言いながらも、だんだん言葉が出てきます。

「とてもやさしい文章ですけど、何度も読み返さないとわからなくて…、省略とか飛躍とかが、ちょっと多すぎませんかねえ？　私の頭が悪いんでしょうか…」

もう一度読み直して、そのような部分には、言葉をつけ加えることにする。

本に備えつけの読者カードに書かれたコメント。版元への電話。深くふみこんだメールでの感想や批評。顔は見えないけれど「声」がさらに集まってくる。

さすがにメールは空間を飛びこえて、北海道から沖縄、日本はもちろん、香港、シンガポール、ハワイ、カナダ、オーストラリアからもいただきました。

褒め言葉は、文句なく嬉しい。批判の言葉は、正直言って、きついです。

すぐに言い訳したくなるし、反論したくなる場合もある。でもすぐに返したりしちゃいけないのです。それこそ「創刊男」として体得した心得です。

一拍おいた方がいい。「一泊」と言ってもいいですね。一晩おいて翌日、あらためて「言葉」を眺めてみると、「うん、そうだな」と納得できたりします。

ほんとの商品開発や大きな起業の場合は、一カ月、三カ月、半年、時には何年もたって、ようやく判断が熟したなんていう場合だってあるのです。

ま、そんなわけで、本の売れ行きが良いことはもちろん嬉しいのですが、増刷するたびに、気になる部分を修正できることの方がもっと嬉しいことでした。

本書に書いたとおり、好きな人からも聞き、嫌いな人からも聞き、初対面の人からも、メールだけの人からも、どんどん聞いて、直せるものは直しました。

「もう直すとこ、ないでしょ。完璧なんじゃないかなあ…」

発売から丸一年もすぎて、そんな風に思い始めていた頃でした。

リクルートの後輩二人（男女）から「本を読んだのでぜひ…」というお誘いを受けて、食事をすることになりました。リクルートといっても一緒に働いたことはないし、ほとんど初対面の相手。私の分類でいけば、「親しい人」でもないし「苦手な人」でもない。「単なる知りあい」、いわゆる第三グループですね。

本の感想から現在のリクルートの話題に飛んで、よもやま話から馬鹿話で大笑いとなり、そろそろお開きかなあなんていう最後の最後に、女性がこう言った。

「上司と結婚するなんてすごいですね。神山さんは、家ではどうですか？」

「えっ、何？　どういう意味？　何のこと？」

「ほら、ここですよ。ちゃんと、倉田さん、ここに書いているじゃないですか」

持参の本を開いて、わざわざ指さす。「フロム・エー」創刊前後に、私が結婚を決意し、プロポーズしたことを書いた部分だった（本書三〇二ページ）。

もちろん今はもう直してあるけど、修正前はこんな風に書いていたのです。

新会社の年収はリクルートの七割。休日は五〇日減るということになった。

長期入院中だった神山陽子から電話が入った。

「あなた、ホントにいいの？　ホントにわかって決めてるの？」

（そこから五行目に、次の文章がくる）

同時にA誌を追い抜いたら、彼女に結婚を申しこもうかなあと思った。

う〜ん、まいった。おっしゃるとおり。こりゃ、誤解するわ。

それまでの酔いも一挙にすっ飛んで、反省しまくり。すぐに直すことを決意。

このミスは、第三グループだからこその発見だったなってことにも気づいた。

第一グループ（好きな人たち）も第二グループ（嫌いな人たち）もどちらも身近な

ので、誰が結婚相手かなんてのはとっくに把握しているのでした。だからこそ「欠陥」だとは思わないし、「修正」してくれとも言いません。

本書に書いたとおり、それぞれのグループにはそれぞれの長所がある。だけどやはり一～三の順番でしつこく聞きつづけないと発見できないものが、まだまだある。

またもや身をもって、痛いほど気づかされたのでした。

「創刊とか、そんな大ごとじゃなくて、もっと気楽なノウハウがほしいな…」

「いつも心がけてることとか、日頃気をつけなきゃいけないこととか…」

ビジネスと無縁の学生や主婦の方からは、そんな声も多かった。ビジネス・パーソンでも、もっと身近で身軽に実践できるワザを求める声がいっぱいあった。

そんな声に押されて、二〇〇五年八月に『カラダ発想術』（日本経済新聞社）という本を書きました。一六人目の子供。単行本としては二冊目です。

臆面もなくイラストまで、自分で二四カットも描いてしまいました。「図工」の通信簿は「1」か「2」しかとったことがないというのに…。とほほ。

ま、でも、本書とあわせてお読みいただくと、発想のヒントが広がりますよ。

二〇〇六年七月

くらた　まなぶ

[くらたまなぶ・14の起業]

「とらばーゆ」(1980年2月22日創刊。隔週刊→7号から週刊)
(女性向け転職情報。「女性のための仕事の手帖」として創刊)
「ベルーフ」(1982年2月25日創刊。別冊→隔月→月刊へ)
(技術者向け転職情報。90年「テクノロジー Bing」として新創刊)
「フロム・エー」(1982年11月29日創刊。週刊→91年週2回刊に)
(アルバイト情報。「アルバイト見つけるペーパーマガジン」)
「エイビーロード」(1984年10月1日創刊。隔月刊→月刊へ)
(「いい旅見つける海外旅行情報誌」をショルダーフレーズに)
「じゃらん」(1990年1月24日創刊。月2回刊)
(国内旅行情報。「日本を予約するブッキングメディア」として)
「MOOK シリーズ」(1992年4月創刊。1996年3月末まで)
(年間約5〜7点を発刊。軌道に乗ったものは各事業部商品へ)
「XY(ゼクシィ)」(1993年5月24日創刊。月刊)
(恋愛・結婚情報として創刊。1年後リニューアル。結婚情報へ)
「赤ちゃんのためにすぐ使う本」(1994年1月13日創刊。月刊へ)
(「ママの買・学・遊・旅・託・情報満載」から「通販情報誌」へ)
「ダ・ヴィンチ」(1994年4月6日創刊。月刊)
(書籍・コミック情報。「本で広げるあなたの好奇心」をサブに)
「生活情報360(サンロクマル)」(1994年10月28日創刊)
(地域生活情報「大宮版」から。同事業から「Hot Pepper」誕生)
「じゅげむ」(1995年3月22日創刊。月刊)
(ゲームソフト。99年休刊。攻略本はメディアファクトリーへ)
「50からの新道楽 BOOK」(1995年4月24日創刊。MOOK)
(会社を離れた自分を見つける快適生活。テストマーケティング)
「あるじゃん」(1995年5月10日創刊。隔月刊→月刊へ)
(金融情報。「得する『お金』の情報マガジン」をショルダーに)
「ザッピィ」(1997年2月26日創刊。月刊)
(音楽雑誌。「CDと雑誌がひとつになって」創刊)

本書は二〇〇三年四月に日本経済新聞社から刊行された『MBAコースでは教えない「創刊男」の仕事術』を改題したものです。

日経ビジネス人文庫

リクルート「創刊男《そうかんおとこ》」の
大《だい》ヒット発想術《はっそうじゅつ》

2006年8月1日 第1刷発行

著者
くらたまなぶ

発行者
小林俊太
発行所
日本経済新聞社
東京都千代田区大手町1-9-5 〒100-8066
電話(03)3270-0251 振替00130-7-555
http://www.nikkei.co.jp/

ブックデザイン
鈴木成一デザイン室
印刷・製本
凸版印刷

Printed in Japan ISBN4-532-19353-2
読後のご感想をホームページにお寄せください。
http://www.nikkei-bookdirect.com/kansou.html

時間をキャッシュに変えるトヨタ式経営18の法則

今岡善次郎

時間をキャッシュに変えるサプライチェーン経営の本質を18の法則とトヨタ生産方式の事例でわかりやすく解説する。

「売れすぎ御免！」ヒットの仕掛け人

日経産業新聞＝編

「着うた」に「朝専用缶コーヒー」…成功の裏に隠れた開発者の不屈のスピリットとは。企業現場の仕掛け人の声で探るヒットの方程式。

大人のための試験に合格する法

和田秀樹

試験は頭の良し悪しより勉強法がカギ。資格の選び方から意欲を持続させる法、問題の解き方まで、「合格」のコツを徹底伝授。

モルガン家 上・下

R・チャーナウ
青木榮一＝訳

世界の金融を常にリードし、産業界も牛耳ったモルガン財閥。その謎に包まれた"華麗なる一族"の全貌を描いた全米図書賞受賞作！

下がり続ける時代の不動産の鉄則

幸田昌則

目先の地価上昇に騙されるな！不動産価格が下がり続ける時代、資産を守るには何をするべきか。売る人、買う人、借りる人——必読。

コメ作り社会のヒト作り革命

漆山 治

コメ作り社会・日本の会社を強化するには公平な人材評価システムの導入しかない。成果主義の潮流に立ち向かう日本的組織改革の方向とは。

お金をふやす本当の常識

山崎 元

手数料が安く、中身のはっきりしたものだけに投資しよう。楽しみながらお金をふやし、理不尽な損失を被らないためのツボを伝授。

社長に秘策あり!

日経MJ=編

消費者の半歩先を行く、市場は新たに創るもの——経営者たちの独自の戦略をもとに、ビジネス界の今を描くインタビュー集。

HIS 机二つ、電話一本からの冒険

澤田秀雄

たった一人で事業を起こし、競争の激しい旅行業界を勝ち抜き、航空会社、証券、銀行と挑み続ける元祖ベンチャー。その成功の秘密とは——。

図で考える人は仕事ができる

久恒啓一

図で考えると物事の構造や関係がはっきりわかり、思考力や解決力もアップ。図解思考ブームを生んだ話題の本がいよいよ文庫化。

日経スペシャル ガイアの夜明け 終わりなき挑戦

テレビ東京報道局=編

茶飲料のガリバーに挑む、焼酎でブームを創る——。「ガイアの夜明け」で反響の大きかった挑戦のドラマに見る明日を生きるヒント。

日経WOMANリアル白書 働く女性の24時間

野村浩子

年収300万円、でもソコソコ幸せ。理想の女性上司はイルカ型、夫にするならヤギ男。「日経ウーマン」編集長が描く等身大の女性像。

カルロス・ゴーン 経営を語る

カルロス・ゴーン
フィリップ・リエス
高野優=訳

日産を再生させた名経営者はどのように困難に打ち勝ってきたのか? ビジネス書を超えた感動を巻き起こしたベストセラーの文庫化。

経営実践講座 M&Aで会社を強くする

金児 昭

M&Aの99.99%は「非・敵対的」買収だ。海外・国内で100件以上のM&Aを体験・成功させた著者がM&Aによる企業価値の高め方を伝授。

とげぬき地蔵商店街の経済学

竹内 宏

「おばあちゃんの原宿」の秘密を、ご存知「路地裏エコノミスト」が徹底解剖。シニア攻略の12の法則を授けるビジネス読み物。

「相場に勝つ」株の格言

西野武彦

「人の行く裏に道あり花の山」「三割高下に向かえ」「もうはまだなり、まだはもうなり」——相場に迷ったら、一読したい250の格言を紹介。

林文子 すべては「ありがとう」から始まる

林文子=監修
岩崎由美

経営者の仕事は社員を幸せにすること——ダイエー林文子会長が実践する「みんなを元気にする」ポジティブ・コミュニケーション術!

最強ヘッジファンド LTCMの興亡

R・ローウェンスタイン
東江一紀、瑞穂のりこ=訳

史上最大のヘッジファンド、LTCMはなぜ躓いたのか。世界を震撼させた事件の謎と顛末を、名コラムニストが描いた話題作。

日本の優秀企業研究

新原浩朗

世のため人のための企業風土が会社永続の鍵だ—。徹底した分析により、優秀企業たる条件を明快に示した話題のベストセラー。

トヨタ式 最強の経営

柴田昌治・金田秀治

勝ち続けるトヨタの強さの秘密を、生産方式だけではなく、それを生み出す風土・習慣から解き明かしたベストセラー。

とっておき中小型株投資のすすめ

太田 忠

会社の成長とともに資産が増えていく、中小型株投資は株式投資の王道だ。成長企業を選び出すコツ、危ない会社の見分け方教えます。

私的ブランド論

秦 郷次郎

ブランドビジネスは、信念を貫き通すための戦いだ！　独自のアイデアと経営手法で成長を遂げてきた創業社長が28年間を振り返る。

ネット株投資はじっくり堅実に楽しもう

西野武彦

豊富な情報、いつでも売買、ネット取引は中高年などに最適。投資サイトの活用法、決算数字の正しい読み方まですべてがわかる解説書。

トレンド記者が教える消費を読むツボ62

石鍋仁美

カグラーにA-BOY、セカイ系にBOBOS、ネオ屋台—。あなたはいくつわかります？　今どきの流行りものを徹底解説。